Eva Wlodarek
Vertrau dem Leben

EVA WLODAREK

Vertrau dem Leben

Von A wie Abenteuergeist
bis Z wie Zeitreise

HERDER

Mit Zeichnungen von Eva Wlodarek

FSC
www.fsc.org
MIX
Papier aus verantwortungsvollen Quellen
FSC® C083411

www.herder.de

Umschlagmotiv: © Thomas Jasinski/shutterstock.com;
Ragina/shutterstock.com
Umschlaggestaltung: Designbüro Gestaltungssaal

Innengestaltung und Satz: agentur IDee, www.agenturidee.de
Herstellung: CPI books GmbH, Leck

ISBN 978-3-451-60006-7

Inhaltsverzeichnis

Einführung: Teamwork mit dem Leben

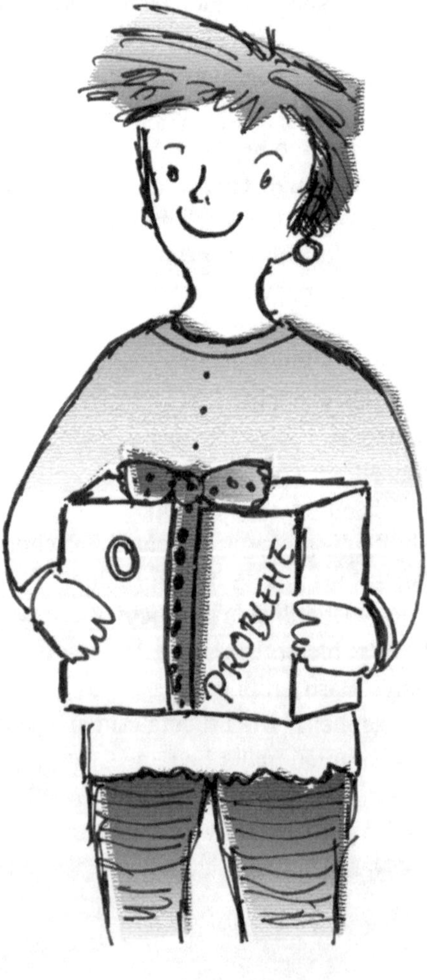

„Vertrau dem Leben" lautet die große Überschrift – schön, aber wem soll man denn da überhaupt vertrauen? Zunächst einmal, für „Leben" gibt es auch noch eine Reihe anderer Bezeichnungen, je nachdem, welcher Denk- oder Glaubensrichtung man angehört: Gott, Universum, Schicksal, höhere Macht, Vorsehung ... Aber egal wie wir es nennen, wir wissen, was gemeint ist: Die unsichtbare Kraft, die offenbar auf unser Dasein hier auf der Erde einwirkt. Die uns viele Male Glück und Gelingen schenkt und uns dann auch wieder gegen die Wand laufen lässt. Das hat wohl jeder von uns schon erfahren, in Form von Kummer, körperlichen Schmerzen, Unglück oder Misserfolg. Und so einem launischen Partner sollen wir vertrauen? Vertrauen muss man sich verdienen, liebes Leben!

Ich musste schon etwas älter werden, um endlich zu verstehen: Das Leben frustriert einen nicht aus Bosheit, sondern aus gutem Grund. Es verfolgt nämlich nicht immer die gleichen Ziele wie wir. Ihm geht es weniger um die Eigentumswohnung, die Beförderung, den Traummann oder die Traumfrau, sondern darum, dass wir innerlich wachsen. Deshalb stellt es uns vor passende Schwierigkeiten, aus denen wir lernen können, etwa: überholte Einstellungen loszulassen, ungünstiges Verhalten zu ändern, sich stärker zu engagieren, die richtige Aufgabe zu finden, geschickter zu kommunizieren, mehr Mitgefühl, Geduld, Selbstvertrauen, Optimismus zu entwickeln ... Nach dem Motto „Jedes Problem trägt ein Geschenk in der Hand" ist es an uns, es auszupacken. Natürlich können wir uns auch weigern. Allerdings wäre das ziemlich kindisch. Als ich dem dreijährigen Sohn einer Freundin zum Geburtstag ein Geschenk mitbrachte, das seinen Vorstellungen leider so gar nicht entsprach, heulte er lauthals los: „Das mag ich nicht!" Erst als ich ihm versprach, demnächst mit ihm in ein Spielwarengeschäft zu gehen, wo er sich etwas Schönes aussuchen dürfte, war die Welt wieder in Ordnung. Zum Glück lässt sich das Leben nicht davon beeindrucken, dass wir mit ihm hadern, weil wir nicht bekommen, was wir wollen. Beharrlich bietet es uns so lange den gleichen Frust und Schmerz, bis wir bereit sind, umzudenken. Es scheint nämlich besser zu wissen, was wir wirklich brauchen. In diesem Punkt macht es keine Kompromisse. Da hilft kein Schmeicheln: „Schau, ich bin doch so ein guter (fleißiger, ehrlicher, zuverlässiger) Mensch, das hätte ich doch verdient, findest du nicht?" Auch kein Appell an die vermeintliche Gerechtigkeit: „Warum kriegt diese Person das, obwohl sie mir nicht das Wasser reichen kann?" Und auch keine Erpressung: „Also wenn ich das nicht bekomme, dann rühre ich ab jetzt keinen Finger mehr." In dem Punkt ist das Leben knallhart und unendlich geduldig, notfalls bis zum Sterbebett, falls wir uneinsichtig bleiben. Ich weiß, wovon ich rede, schließlich habe ich selbst jahrelang sämtliche Register gezogen, damit das Leben mir endlich diejenigen Wünsche erfüllte, die ich für angemessen hielt. Es hat sich ebenso lange geweigert, mir nachzugeben. Kein glücklicher Zufall, keine entscheidende Begegnung, die mir meinen Traum erfüllt hätte. Nichts dergleichen. Dafür tauchten plötzlich großartige Bücher und besondere Gespräche auf, die mir zeigten, wo es bei mir hakte. Heute bin ich sehr froh darüber, dass das Leben meine Vorstellungen so beharrlich boykottierte. Erstens war ich für eine Erfüllung innerlich noch nicht reif und zweitens hätte sie mich in eine falsche, oberflächliche Richtung geführt. Daraus habe ich gelernt – und ich vermute, es geht noch vielen anderen so:

- In der Auseinandersetzung mit dem Leben gewinnt immer das Leben, denn es ist einfach stärker und klüger als wir Menschen.
- Was immer uns das Leben bringt, ist gut für uns. Weil es uns entweder eine angenehme Erfahrung beschert oder uns weiterbringt, sofern wir aus einer weniger angenehmen lernen.

Nach diesem Fazit könnten wir doch einfach vertrauensvoll dem Leben überlassen, zu bestimmen, was für uns das Beste ist. Entsprechend dem schönen Spruch: „Was dir von Gott ist zugedacht, das wird dir bis ans Bett gebracht." Einerseits trifft das zu. Hingabe an das, was uns das Leben mitteilt, ist meist effektiver, als stur auf eigenen Vorstellungen zu beharren – siehe oben. Aber ganz so simpel ist es doch nicht. Dem Leben zu vertrauen heißt nicht, alles hinzunehmen und sich passiv treiben zu lassen. Wir dürfen durchaus Wünsche haben und uns Ziele setzen, schließlich sind wir keine Marionetten. Es geht nicht um Unterordnung, es geht um Zusammenarbeit. Ein lateinischer Spruch, den sich der Benediktinerorden zu eigen gemacht hat, lautet: Ora et labora („bete und arbeite"). Ich übersetze mal frei: Vertrau dem Leben – und werde aktiv. Das kann heißen: Ich mache jetzt das, wovon ich glaube, dass es für mein Ziel richtig ist. Und dann achte ich darauf, was das Leben dazu sagt, ob wir tatsächlich auf einer Wellenlänge liegen. Das wird sich dann schon zeigen. Etwa indem Türen aufgehen, wir eine positive Resonanz von anderen bekommen, Aha-Erlebnisse auftauchen, sich alles einfach richtig anfühlt und Freude macht. Oder indem wir deutlich spüren, dass es hier für uns noch etwas Wichtiges zu lernen gibt.

Logisch, dass wir für unsere Aktivität, welche es auch immer sein mag, Know-how brauchen. Schließlich ist es unser Part, unser Bestes zu geben. Das Leben scheint übrigens auch darauf ein Auge zu haben. Jedenfalls habe ich noch nicht erlebt, dass es auf die Dauer jemand besonders unterstützt hätte, der sich keine Mühe gab und mal eben so durchschlüpfen wollte. Engagement, Disziplin, Mut und Anstrengung sind durchaus gefragt. Das gilt nicht nur für unsere Tätigkeiten. Es gibt viele Bereiche, in denen wir Kenntnisse erwerben und Erfahrungen machen sollten, etwa wie wir mit anderen Menschen umgehen, wie wir Unglück verarbeiten, wie wir Glück anziehen und vieles mehr.

Womit wir beim Inhalt dieses Buches wären. Mir lag am Herzen, möglichst vielfältig Anregung zu geben, wo und wie man in verschiedenen Bereichen aktiv werden und das Leben unterstützen kann. Dazu bietet die Psychologie, die immerhin vor noch gar nicht so langer Zeit aus der Philosophie entstanden ist, generell einen reichen Fundus von Theorie und Praxis. Nur: Bei Sichtung der Schätze, die ich im Laufe vieler Jahre sammeln durfte, fühlte ich mich zunächst wie im Märchen aus 1001 Nacht „Ali Baba und die vierzig Räuber". Darin steht der Held in einer verborgenen Höhle zwischen Bergen von Gold, Silber und Edelsteinen und weiß vor lauter Fülle nicht, was er zuerst einpacken soll. Eins war klar, ohne Struktur würden die vielfältigen Hinweise ausufern. Vielleicht sollte ich nach Sachgebieten ordnen? Das war sicher sinnvoll, aber irgendwie hatte ich keine Lust auf große Einteilungen wie „Den richtigen Partner finden" oder „Im Beruf erfolgreich sein", es müsste doch auch spielerischer und kreativer gehen. Und da – danke, liebes Leben – bekam ich unerwartet einen Tipp für die passende Form. Ein Autorenpaar aus dem Wirtschaftsbereich, das ich kenne und schätze, hatte gerade eine Art Bilderbuch für Erwachsene herausgebracht. Auf der Basis des Alphabets hatten sie dazu jeweils einige Zeilen Text geschrieben. Bei einem gemeinsamen Abendessen fragte ich, ob ich mir das Alphabet für meine Zwecke ausleihen dürfte. Man war großzügig. Damit hatte ich für mein Vorhaben einen äußeren Rahmen, der trotzdem viel Freiheit ließ. Schließlich konnte ich bestimmen, was ich jedem Buchstaben zuordnen wollte. Bei der Vielzahl an Möglichkeiten eine Entscheidung zu treffen war allerdings gar nicht so einfach. Kreativität oder Kind? Erfolg oder Engel? Intuition oder Initiative? Motivation oder Mut? Verzeihen oder Vergangenheit? Nur bei Q, X und Y gab es keinen inneren Konflikt, weil dazu die Auswahl recht überschaubar ist und „Qual", „Xing" und „Yoga" keine echten Alternativen darstellen. So habe ich also eine subjektive Auswahl getroffen, von der ich hoffe, dass sie Sie inspiriert. Und Ihnen hilft, dem Leben zu vertrauen, weil Sie wissen: Wenn Sie Ihren Teil tun, dann übernimmt das Leben alles Weitere. Sie dürfen sicher sein: Egal wie es aussieht, es ist ein Geschenk.

Jedes Problem trägt ein Geschenk in der Hand. Es ist an uns, es auszupacken.

A wie Abenteuer – Das Abenteuer-Gen aktivieren

Rüdiger Nehberg durch den brasilianischen Urwald, Jutta Kleinschmidt auf der Höllenpiste Paris-Dakkar, Arved Fuchs zu Fuß zum Nordpol – solche Abenteuer sehe ich mir höchstens mit einer Tüte Chips vom Sofa aus an. Dabei frage ich mich immer, was diese Menschen antreibt, sich in derartige Extremsituationen zu begeben. Mich schaudert schon beim bloßen Gedanken daran. Das heißt aber nicht, dass ich nicht abenteuerlustig bin. Nur glaube ich, dass die wahren Abenteuer in uns selbst liegen. Sie bestehen darin, dass wir unsere Hemmungen überwinden und unsere inneren Bremsen lockern.

In diesem Sinne geht es darum, das Abenteuer-Gen in sich zu aktivieren. Wieder neugierig auf das Leben und auf andere Menschen zu werden. Etwas zu wagen, ohne sich nach allen Seiten abzusichern. Ungewohntes zu tun. Nicht mehr so verwöhnt zu sein. Flexibel und spontan zu reagieren. Nur, wahrscheinlich geht es Ihnen wie den meisten von uns: Die Abenteuerlust ist verschüttet unter Pflichten, Verbindlichkeiten, Vernunft, Müdigkeit, Gewohnheit. Doch sie lässt sich wieder wecken. Das Gute ist, dass wir dazu keineswegs unser Leben umkrempeln müssen. Schon kleine, aufregende Abenteuer im Alltag haben große Wirkung. Suchen und schaffen Sie bewusst Gelegenheiten, die Sie aus der Routine kicken und Ihnen ein wenig Herzklopfen bereiten. Mit der folgenden Zusammenstellung kleiner Abenteuer möchte ich Sie dazu anregen. Auf den ersten Blick erscheinen sie vielleicht harmlos, doch sie haben es in sich. Das werden Sie merken, sobald Sie sie in die Tat umsetzen.

Jemanden einladen, den man bewundert

Schon der Gedanken daran ist ganz schön aufregend. „Wahrscheinlich findet er (sie) mich aufdringlich.“

„Bestimmt denkt der (die), ich will was von ihm (ihr)." Die Angst vor einer Abfuhr ist groß. Genau sie gilt es zu überwinden. Also sagen Sie bei der nächste Begegnung offensiv: „Ich finde Sie großartig und möchte Sie gerne näher kennenlernen." Bleiben Sie dann nicht vage: „Wir sollten uns vielleicht mal irgendwann treffen", sondern schlagen Sie konkret einen Termin vor.

Glasklar die eigene Meinung sagen

Sie haben sich im Laufe der Zeit angewöhnt, die eigene Meinung diplomatisch in Seidenpapier zu verpacken, um niemanden zu kränken? Etwa in dem Sie statt „Ich finde, Grün steht dir nicht" verklausulieren: „Also mit der Farbe weiß ich nicht so recht ..." Wagen Sie sich ohne Hintertürchen („Ich habe ja nur gemeint ...") aus der Deckung und geben Sie ein höfliches, aber direktes Statement ab.

Ohne Entschuldigung Nein sagen

Sie denken mehr an andere als an sich? Dann fällt es Ihnen gewiss schwer, eine Bitte auszuschlagen. Wenn Sie es überhaupt schaffen, dann meist mit einem Rattenschwanz an Entschuldigungen. Beißen Sie sich beim nächsten Mal auf die Zunge und verzichten Sie auf Erklärungen. Es reicht völlig aus, dass Sie etwas nicht wollen. Lassen Sie sich auf keine Diskussion ein. Bleiben Sie standhaft und ertragen Sie Ihre Schuldgefühle.

Sich überraschen lassen

Meist wissen Sie schon von vornherein, wie Ihre Freizeit aussehen wird. Das ist das zwar beruhigend, aber auch ein bisschen langweilig. Bringen Sie eine Prise Unwägbarkeit in Ihre Pläne. Machen Sie einen Wochenendausflug, ohne vorher eine Unterkunft zu buchen. Verlassen Sie ausgetretene Kulturpfade, etwa indem Sie in die Ausstellung eines Avantgarde-Künstlers gehen oder mit Zelt und Gummistiefeln ein Hardrock-Festival besuchen.

Auf Erkundungstour gehen

Bestimmt gibt es Orte, die Sie längst schon einmal aufsuchen wollten. Jetzt ist die Zeit dazu. Das müssen keineswegs die Tempel von Angkor Wat sein. Vielleicht waren Sie noch nie in einem bestimmten Viertel Ihrer Stadt, weil Sie der Weg nie dorthin führte oder es nicht Ihr Milieu ist. Wissen Sie, wie man auf einem Leuchtturm lebt? Wie das Gebälk eines Glockenturms aussieht? Wie es beim Radrennen oder beim Derby zugeht? Sie können jederzeit eine neue Welt entdecken.

Jemanden eine Liebeserklärung machen

Gemeint ist ein dickes, deutliches Lob für einen anderen Menschen. Nicht nur für seine Leistung, sondern für ihn als Person. Das kann Ihr Kollege sein, mit dem Sie nun schon jahrelang wunderbar zusammenarbeiten. Oder Ihre reizende Schwiegertochter, mit der Ihr Sohn richtig Glück gehabt hat. Es können auch Ihre Eltern sein, denen Sie viel verdanken. Halten Sie Ihre begeisterten, zärtlichen, anerkennenden Gefühle nicht zurück. Lassen Sie Ihr Herz ruhig einmal laut sprechen: „Ich freue mich, dass es dich gibt." „Ich mag dich sehr." „Du bist ein wunderbarer Mensch." Wenn Sie sich Auge in Auge nicht trauen – auch „Liebesbriefe" kommen beim Empfänger gut an!

Angeregt? Dann überlegen Sie gerne, was noch abenteuerlich für Sie sein könnte. Neugier und freudige Aufregung bringen Sie auf die Spur. Wer braucht schon die Wüste oder Eisschollen, wenn er Neuland in sich selbst entdecken kann?

B wie Begeisterung – Sprit für den Geist

Der HSV gegen Bayern München. Aus offenen Fenstern hört man begeistertes „Tooooor"-Gebrüll. Bei allem Patriotismus, ich komme über ein „Das freut mich" nicht hinaus. Ich interessiere mich nämlich nicht für Fußball. Dafür kann ich aus dem Häuschen geraten, wenn ich auf ein Buch stoße, das psychologische Zusammenhänge verständlich und hilfreich erklärt. Dann muss ich aufpassen, dass ich es auf meinem Rezensionsblog nicht zu euphorisch bewerte. Schließlich haben die User ein Recht auf eine sachliche Beurteilung. Schon öfter habe ich deshalb mit Bedauern Worte wie „genial" oder „unglaublich gut" wieder gelöscht.

Tatsache ist, was den einen hinreißt, lässt den anderen kalt. Uns begeistern nämlich nur Menschen, Dinge und Erlebnisse, die mit unserer Persönlichkeit zu tun haben, mit unseren Vorlieben und Fähigkeiten.

Von daher lässt sich Begeisterung meist nicht übertragen, so gerne wir das auch erreichen würden. Begeisterung im stillen Kämmerchen ist nämlich nur die halbe Freude, wir möchten sie teilen. So etwas Schönes, Großartiges, Unglaubliches kann man doch nicht einfach für sich behalten! Prompt löst Begeisterung in uns einen missionarischen Eifer aus, der aber leider nicht immer zum Erfolg führt. Wie oft habe ich schon Freunden eines dieser wunderbaren Bücher ans Herz gelegt und damit nur ein mäßig interessiertes „Danke, das werde ich mir gewiss mal besorgen" ausgelöst. Die Ansteckung gelingt nur dann, wenn man die gleichen Interessen hat oder im anderen schon etwas schlummert, das durch uns geweckt wird. Etwa wenn jemand, der noch nie eine Oper besucht hat, sich aufgrund unserer Begeisterung „La Traviata" anschaut und von der Aufführung ebenso hingerissen ist. Oder wenn er schon lange einen heimlichen Wunsch oder eine Frage mit sich herumträgt und unsere Begeisterung ihm den Weg zur Erfüllung oder Antwort weist. Im anderen Fall sollten wir nicht enttäuscht sein, sondern unsere Begeisterung allein genießen.

Wie sich Begeisterung anfühlt, wissen wir. Aber wie definiert man sie? Der Duden beschreibt sie als „freudige Erregung" und erweitert das noch mit „von freudig erregter Zustimmung und leidenschaftlicher Anteilnahme getragener Tatendrang". Für diese aktive Form der Begeisterung, bei der man sich mit Feuereifer einer Tätigkeit oder Sache widmet, benutzen wir häufig den Begriff „Enthusiasmus". Der Begriff stammt von den alten Griechen und bezeichnet eine göttliche Inspiration. Das deutsche Wort Begeisterung lässt Ähnliches verlauten: Die Vorsilbe „be" bedeutet, dass etwas hinzugefügt wird, wie in „beladen" oder „beruhigen". Im Zustand der Be-geisterung erhalten wir also Geist. Nicht im Sinne von mehr Intelligenz, sondern von dem, was die Amerikaner „Spirit" nennen, ein belebender, inspirierender Funke. Dieser Geist zeigt sich auch äußerlich: Die Augen glänzen, die Stimme ist lauter, wir sprechen schneller und gestikulieren oft mehr als gewöhnlich.

Das alles weist auf einen äußerst positiven emotionalen Ausnahmezustand hin. Schade, dass er im Alltag nur so selten entsteht. Dabei gab es in unserem Leben mit Sicherheit einmal eine Zeit, in der wir jeden Tag darin schwelgten: in der Kindheit. Kinder besitzen diese Begeisterung, die aus vollem Herzen kommt, noch in Reinkultur. Untersuchungen haben ergeben, dass ein Kind ungefähr fünfzig Mal am Tag begeistert ist. Die Kids können sich über so kleine Dinge wie

Schokostreusel auf dem Vanilleeis strahlend freuen, beim Beobachten eines Marienkäfers flippen sie aus und schlechtes Wetter verwandeln sie mit einem Sprung in die Pfützen in einen Riesenspaß. Die ausgeprägte Fähigkeit zur Begeisterung besaßen wir alle einmal. Wo ist sie eigentlich abgeblieben? Heute jedenfalls verbuchen wir begeisternde Erlebnisse unter „Sternstunden“. Daran ist unsere Umgebung nicht unschuldig. Schon früh wird ursprüngliche Begeisterung mit wohlmeinender Kritik gedämpft: „Das Bild hast du schön gemalt, aber schau mal, dein Haus hat ja gar keine Fenster.“ Auch rationale Erklärungen zerstören den Zauber: „Ja, das ist wirklich ein wunderschöner Regenbogen. Weißt du eigentlich, wie so ein Regenbogen entsteht? Das hat mit der Lichtbrechung und unterschiedlichen Wellenlängen zu tun.“ Zudem wird im Zuge einer guten Erziehung auch der lebhafte Ausdruck von Begeisterung gestoppt: „Schätzchen, ich verstehe ja, dass du das toll findest. Aber deshalb musst du doch nicht gleich so laut sein.“ Irgendwann haben wir begriffen, dass Begeisterung nur in kleiner Dosis und gemäßigter Form akzeptabel ist. Hinzu kommt, dass wir als Erwachsene inzwischen schon vieles gesehen und erlebt haben und deshalb nicht mehr jede Kleinigkeit Begeisterungsstürme in uns entfacht. Damit müssen wir uns jedoch nicht abfinden. Ich plädiere für mehr Begeisterung, weil sie beflügelt und Glanz in unser Leben bringt. Mit den folgenden Tipps lässt sie vielleicht wieder hervorlocken:

- Suchen Sie bewusst Menschen, Dinge und Situationen, die mit Ihrer Persönlichkeit zu tun haben und die Ihren Vorlieben entsprechen. Ihnen liegt Malerei? Gehen Sie öfter auf Vernissagen. Sie mögen gutes Essen? Dann speisen Sie lieber einmal vorzüglich als fünfmal mittelmäßig.

- Was wir sagen, wirkt sich nicht nur auf andere, sondern auch auf uns selbst aus. Steigern Sie Ihr Gefühl, indem Sie über Ihr Erlebnis in euphorischen Worten sprechen: „Die Aufführung war grandios“, „Dieser Sonnenaufgang ist einfach fantastisch“, „Ich bewundere Sie, Sie sind wirklich unglaublich!“ (Und ja, ich werde diesen Tipp ab jetzt auch selbst auf meinem Rezensionsblog beherzigen).

- Lassen Sie sich Ihre Begeisterung nicht nehmen. Sagen Sie sich: „Du magst das anders sehen, aber ich finde es einfach großartig!“

Ich verrate Ihnen auch noch einen schönen Nebeneffekt: Begeisterung macht attraktiv. Weil wir dann von innen leuchten.

C wie Charisma – Keine Gnadengabe, sondern lernbar

Daisy Fellowes, eine reiche New Yorkerin, gibt einem bekannten Society-Maler den Auftrag, sie zu porträtieren. Als das Gemälde, das sie bisher nur als Skizze gesehen hat, fertig ist, erscheint sie in seinem Atelier, um es abzuholen. Eine ganze Weile starrt sie schweigend auf die Leinwand. Dann sagt sie: „Selbstverständlich zahle ich Ihr Honorar, aber ich mag das Bild absolut nicht." Ihre Ablehnung rührt nicht von mangelnder Kunstfertigkeit des Malers her, sondern von ihrer Selbstwahrnehmung. Sie hat erkannt, dass sie der Frau auf dem Gemälde tatsächlich ähnelt: eine fade Person ohne Ausstrahlung. Daisy Fellowes' Reaktion darauf ist ungewöhnlich. Zunächst zieht sie sich komplett aus dem Gesellschaftsleben zurück. Sie ändert ihre Garderobe und findet einen anderen Frisör. Und dann beginnt sie mit ihrer eigentlichen Transformation. Sie liest jede Menge Bücher. Sie geht regelmäßig ins Theater. Sie besucht Galerien. Museen werden ihr zweites Zuhause. Am Ende ihrer persönlichen Lehrzeit taucht sie völlig verwandelt wieder auf. Aus der unscheinbaren Lady ist eine faszinierende Frau geworden, die seitdem in der New Yorker Gesellschaft eine große Rolle spielt und viel Bewunderung erhält.

Nun wollen die meisten von uns nicht unbedingt die feine Gesellschaft ihres Wohnortes beeindrucken, doch der Kern der Geschichte ist: Man kann sich eine charismatische Ausstrahlung erarbeiten. Diese Erkenntnis ist noch relativ neu. Jahrhundertelang glaubte man, Charisma sei eine angeborene Eigenschaft, die man entweder besitzt oder nicht – eine geheimnisvolle attraktive Aura, die sofort spürbar ist und andere Menschen beeindruckt. Immerhin bedeutet das Wort aus dem Griechischen übersetzt „Gnadengabe", was eindeutig mehr nach einem Geschenk des Himmels klingt als nach eigener Leistung. Doch diese Sichtweise hat sich inzwischen als falsch herausgestellt. Der Glaube an eine willkürliche Verteilung ist überholt, seit die Psychologie die „Gnadengabe“ als eine Reihe von speziellen kommunikativen Eigenschaften identifiziert hat. So bestätigt zum Beispiel Professor John Antonakis von der Universität Lausanne die Hypothese, das Charisma lernbar ist: Seine Versuchspersonen erhielten zunächst ein umfangreiches Feedback zu ihrer Persönlichkeit. Anschließend arbeiteten sie nach einem vorgegebenen Programm an bestimmten Verhaltensweisen, die üblicherweise als charismatisch gelten. Drei Monate später erhielten sie erneut eine Rückmeldung zu ihrer Person und ihrem Verhalten. Und tatsächlich, wer das Training durchlaufen hatte, bekam nun in puncto Charisma deutlich höhere Werte. Einen weiteren Beweis, dass man Charisma entwickeln kann, bieten bekannte Persönlichkeiten, denen es allgemein zugesprochen wird. Von vielen weiß man, dass sie keineswegs von Anfang an diese besondere Ausstrahlung hatten. Die meisten Lichtgestalten mussten eben auch erst einmal lernen, wie sie am besten auf andere wirken. Und das ist auch gut so, denn dadurch wissen wir: Was ihnen gelungen ist, ist uns ebenfalls möglich. Wir können die Strahlkraft unserer Persönlichkeit entfalten, indem wir bestimmte Fähigkeiten entwickeln, die in uns schlummern. Vor allem aber zeigt sich Charisma in der Kommunikation. Deshalb ist es unerlässlich, zu wissen, welche Qualitäten wir im Umgang mit anderen erwerben müssen: Charismatische Menschen vertrauen sich, kennen ihre Stärken und Schwächen. Ihre Körpersprache ist selbstbewusst. Sie können überzeugend reden und gut zuhören. Außerdem sind sie in der Lage, sich in andere einzufühlen und ihnen das Gefühl von Bedeutung zu geben. Schönheit ist keine

Voraussetzung, weitaus mehr zählen ein gepflegtes Äußeres, Stil und Originalität.

Wenn es schon keine Gnadengabe ist, dann liegt auf der Hand, dass es Einsatz erfordert, das eigene Charisma zu entfalten. Hier ein Schnupperkurs dazu:

- Bemühen Sie sich um eine aufrechte Haltung. Nehmen Sie im Stehen und Sitzen selbstbewusst so viel Raum wie möglich ein. Machen Sie lebhafte Gesten, ohne zu übertreiben.

- Hören Sie Ihrem Gegenüber während eines Gesprächs mit voller Konzentration zu. Schweifen Sie nicht innerlich ab. Stellen Sie interessierte Fragen. Reden Sie nicht zu viel über sich.

- Lassen Sie häufig Ihr Herz sprechen. Seien Sie empathisch, zeigen Sie Mitgefühl.

Wenn wir uns intensiv bemühen, unser Charisma zu entfalten, werden wir üppig belohnt: Andere sind gerne mit uns zusammen, suchen unsere Nähe und Freundschaft. Wir bekommen interessante Einladungen und haben beruflich mehr Chancen. Wo wir auftreten, werden wir positiv wahrgenommen. Man merkt sich unser Gesicht und unseren Namen. Wir bekommen viel Lob und Anerkennung. Für unsere Ziele finden wir leichter als bisher Mitstreiter und Verbündete. Wir sind beliebt und in Netzwerke eingebunden.

Neben den Vorteilen für das tägliche Leben hat die Entwicklung von Charisma auch einen spirituellen Aspekt. Der amerikanische Lyriker und Diplomat James Russell Lowell formulierte es so: „Niemand wird in diese Welt geboren, ohne dass seine Aufgabe gleich mitgeboren wird." Manche Tätigkeiten liegen uns ganz besonders, weil sie mit unseren Anlagen übereinstimmen. Meist spielen sie eine Rolle für unsere Berufswahl. Diese Aufgaben erfüllen wir mit Charisma noch effektiver, weil wir dadurch in der Lage sind, Menschen, die uns begegnen, emotional zu berühren und zu inspirieren. Darüber hinaus gilt, was der charismatische Nelson Mandela in seiner Antrittsrede zitierte: „Wenn wir unser Licht leuchten lassen, ermutigen wir andere Menschen dazu, dasselbe zu tun."

Wir können die Strahlkraft unserer
Persönlichkeit entfalten,
indem wir die Fähigkeiten entwickeln,
die in uns schlummern.

D wie Durchhalten – Weitermachen oder aufgeben?

Winston Churchill wurde gebeten, vor den Studenten der Universität Oxford einen Vortrag über das Geheimnis seines Erfolges zu halten. Er betrat das Podium und verkündete: „The secret of my success is, I never, never, never gave up". Dann setzte er sich zur Verblüffung des Publikums wieder auf seinen Platz. Offenbar war der Staatsmann überzeugt, damit hätte er alles Wichtige gesagt.

Nicht aufzugeben ist gewiss in vielen Fällen der passende Rat. Es kann schließlich sein, dass die Erfüllung hinter der nächsten Ecke auf uns wartet. Vielleicht müssen wir nur noch eine kleine Weile durchhalten, eine letzte Anstrengung unternehmen, dann bekommen wir, was wir wollen. Zeitschriften und Biografien sind voll von beeindruckenden Geschichten, in denen jemand nicht aufgegeben hat und schließlich den verdienten Erfolg, die große Liebe, viel Geld oder Heilung genießen konnte.

Andererseits gibt es nicht in jedem Fall eine Garantie, dass wir auch tatsächlich erreichen, was wir anstreben. Wir erbringen Vorleistungen in dem guten Glauben, dass wir schon auf dem richtigen Weg zum Ziel sind – und der kann manchmal verflixt lang sein. Je länger es dauert und je weniger ermutigende Zeichen wir unterwegs erhalten, desto öfter befallen uns Zweifel: Lohnt sich der Aufwand wirklich? Mache ich mir vielleicht etwas vor? Ist mein Ziel nur ein Hirngespinst? Sollte ich nicht lieber den Spatz in der Hand der Taube auf dem Dach vorziehen?

Es kann aber auch sein, dass wir keinen Zweifel zulassen und uns in die Erreichung unseres Zieles verbeißen, obwohl alles dagegen spricht. Wir machen von der Erfüllung abhängig, ob wir glücklich werden und ob wir unser Leben als gelungen betrachten. Diese Art von Beharrlichkeit ist nicht ungefährlich. Sind wir zu sehr auf unser Ziel fixiert, könnten wir innerlich oder äußerlich Schaden nehmen. So manche Beziehung ist schon daran zerbrochen und geplatzte Träume haben zur Depression geführt.

Bevor wir deshalb auf dem Weg zur Erreichung unseres Zieles weitergehen, sollten wir prüfen, ob wir vielleicht Rosinen im Kopf haben. Möglicherweise schätzen wir uns und unsere Fähigkeiten falsch ein.

Das passiert nicht nur hoffnungsfrohen Kandidaten von Talentshows, sondern auch gestandenen Frauen und Männern. Hier sollten wir ehrlich zu uns selbst und offen für Kritik sein.

Allerdings lässt sich nicht immer eindeutig erkennen, ob es sich tatsächlich um eine Illusion handelt oder nur um eine vorübergehende Durststrecke. Wäre das richtig, was uns die meisten Motivationstrainer weismachen wollen, dürften wir eigentlich nie aufgeben. Deren Credo lautet: „Sie können alles schaffen, wenn Sie nur wollen." Schauen wir uns diese Behauptung doch einmal genauer an. Zunächst einmal: Richtig ist, dass wir eine Menge erreichen können, wenn wir uns intensiv dafür einsetzen. Alles, wogegen keine objektiv unabänderliche Tatsache spricht, lässt sich prinzipiell mit Disziplin, Fleiß und Engagement erreichen – zumindest bis zu einem gewissen Grad. Wir sehen oft Grenzen, wo gar keine sind. Sie können noch mit fünfundsiebzig als Ausdruckstänzerin auf der Bühne stehen, im Rollstuhl bei den Paralympics eine Goldmedaille gewinnen, als molliges Model ausgebucht sein oder im Greisenalter die große Liebe finden. Insofern stimmt: „Sie schaffen es, wenn Sie wirklich wollen."

Nur eines übersehen die Motivationsgurus dabei: Das gilt nur für die Fähigkeiten und Eigenschaften, die wir für die Erfüllung unseres Zieles benötigen. Es ist keineswegs eine Garantie dafür, dass man damit auch das Ergebnis bekommt, das man sich wünscht. Dabei haben nämlich auch noch das Schicksal und der glückliche Zufall ein Wörtchen mitzureden.

Was denn nun, weitermachen oder aufgeben? Es gibt eine Methode, mit der man für sich herausfinden kann, wohin sich die innere Waagschale neigt. Indem man sich nämlich die entscheidende Frage stellt: Würde ich auch dann weiterhin alles für mein Ziel einsetzen, wenn sich am Ende herausstellen sollte, dass ich es nicht erreiche? Wenn Sie schon den Einsatz lieben, der mit Ihrem Ziel zusammenhängt, dann haben Sie immerhin die größte Garantie dafür, dass Sie es schließlich erreichen. Und zwar aus diesem Grund: Wenn Sie tun, was Sie gerne tun, sind Sie darin auch meist gut, weil Sie dann mehr als das Übliche geben. Und wenn Sie gut sind, haben Sie mit ihrer Tätigkeit nach dem Resonanzprinzip auch einen gewissen Erfolg. Damit erhöht sich Ihre Chance, dass Sie Ihr gestecktes Ziel erreichen, um ein Vielfaches. Und noch einen weiteren großen Vorteil hat es, wenn Sie lieben, was Sie tun: Schon der Weg dorthin ist lustvoll. Es macht Ihnen Freude, sich mit dem jeweiligen Gebiet zu beschäftigen, auch wenn es mal schwierig oder anstrengend wird. Selbst wenn Sie Ihr Ziel am Ende nicht erreichen sollten – was bei dieser Einstellung eher unwahrscheinlich ist – müssen Sie trotzdem keinen einzigen Tag und keine Anstrengung bereuen, weil das Tun allein für Sie schon eine Belohnung enthielt. Deshalb: Suchen Sie sich Ihre Ziele möglichst nach Ihrer Liebe und Begeisterung aus. Sie haben diese Wahl bereits getroffen? Dann geben Sie nie, nie, nie auf.

E wie Engel – Die himmlischen Bodyguards

Die kleine Marianne, sieben Monate alt, sitzt im Kinderwagen. Weil ihre Mutter als Geschäftsfrau keine Zeit hat, geht ein Kindermädchen mit ihr spazieren. Um zum nahen Park zu gelangen, muss man eine stark befahrene Straße überqueren. Dabei gerät das Kindermädchen zwischen ein Postauto und einen Lastwagen. In Panik lässt es den Kinderwagen los und rettet sich selbst mit einem Sprung auf den Gehweg. Der Kinderwagen wird zwischen den beiden Autos wie eine Pappschachtel zusammengedrückt. Sekunden zuvor fliegt das Kissen, mit dem Marianne zugedeckt ist, einige Meter durch die Luft und bleibt auf dem Pflaster liegen. Wie von Zauberhand landet das Kind unversehrt darauf. Alle sprechen von einem Wunder und sagen: Die Kleine muss einen unglaublich aufmerksamen Schutzengel gehabt haben. Vierzig Jahre später begegnet Marianne überraschend einem Zeugen für dieses Erlebnis. Zufällig kommt sie mit einem Herrn aus ihrem Heimatort ins Gespräch. Dabei stellt sich heraus, dass er in dem Postbus gesessen hat, der damals an dem Unfall beteiligt war. „Wir haben alle geglaubt, das überlebt niemand", erinnert er sich. Für die Wahrheit dieser Geschichte verbürge ich mich außerdem persönlich: Marianne ist meine Mutter. Aufgrund dieser Geschichte war sie immer fest davon überzeugt, von Engeln umgeben zu sein. Das hat ihr in schweren Zeiten Vertrauen ins Leben geschenkt.

Glauben Sie auch an Engel? Dann befinden Sie sich in bester Gesellschaft. Die meisten von uns halten ihre Existenz durchaus für möglich. Sogar diejenigen, die eher skeptisch sind, kleben sich eine Plakette ans Auto: „Fahre nie schneller, als dein Schutzengel fliegen kann", oder sagen zu einem Menschen, der ihnen einen Gefallen tut: „Du bist ein Engel."

Dabei ist uns selten bewusst, dass die Beschäftigung mit Engeln schon eine lange Tradition hat. In der Bibel kommen sie vor allem als göttliche Boten vor, die menschliches Aussehen annehmen oder als Lichtgestalten erscheinen, wie etwa am Grab von Jesus. Im Mittelalter hat man sich sehr ernsthaft mit der Natur der Engel auseinandergesetzt. So wägt der Kirchenvater Thomas von Aquin in seiner Summa theologica sorgfältig ab, ob Engel nun reiner Geist sind oder einen materiellen Anteil besitzen. Im Judentum, im Islam sowie im Christentum entstand zudem über die Jahrhunderte eine komplette Engelwelt mit Hierarchien und speziellen Aufgaben. Doch eine noch so präzise Beschreibung trifft kaum den Kern dessen, was Engel für uns bedeuten können: Indem wir an gute Mächte glauben, vergrößern wir unsere eigenen Möglichkeiten. Dahinter steckt ein psychologisches Phänomen. Unsere Gedanken beeinflussen unsere Gefühle, unsere körperlichen Reaktionen und unsere Handlungen. Die Vorstellung, wir würden von Engeln unterstützt und geleitet – ob sie nun auf Realität beruht oder nicht –, schenkt innere Stärke und Mut. Es macht durchaus einen Unterschied, ob wir vor einer schwierigen Autofahrt nervös und ängstlich denken: „Hoffentlich komme ich heil an", oder ob wir unseren Schutzengel bitten: „Sei bei mir und beschütze mich", und uns dadurch gelassener fühlen und verhalten. Ebenso schenkt es uns mehr Vertrauen ins Leben, wenn wir in besonderen Situationen den Einfluss von Engeln annehmen oder glauben, dass es sich um einen Engel in Menschengestalt handelt, wenn uns völlig unerwartet jemand in einer prekären Lage hilft. Wer das nach einer überstandenen Gefahr so sieht, fühlt sich generell beschützt und geliebt, denn offenbar wachen Himmelswesen über ihm. Diese Sichtweise stärkt das Selbstwertgefühl mehr als der Gedanke: „Da habe ich aber Glück gehabt!"

Doch Engel sind nicht nur für Extremsituationen zuständig, man darf auch ganz selbstverständlich mit ihnen umgehen. Davon war meine Mutter überzeugt. Als sie einmal ihre Lesebrille verlegt hatte, suchte sie zunächst erfolglos danach. Schließlich bat sie die Engel, ihr zu zeigen, wo sich die Brille befand. Daraufhin zog das Sofa ihre Aufmerksamkeit magisch an – und siehe da, die Brille war zwischen die Polster gerutscht. Meine Mutter war dankbar: „Die hätte ich ohne die Engel nie gefunden." Nun ja, als Psychologin habe ich dafür auch noch eine andere Erklärung. Ich glaube nicht unbedingt, dass sich hier himmlische Mächte auf die Suche gemacht haben. Es ist eher so: Unser Unterbewusstsein speichert alles, auch wohin wir eine Brille verlegt haben. Durch die Anrufung einer höheren Instanz kommen wir in Verbindung mit diesem latenten Wissen. Ich habe in dem Zusammenhang übrigens beste Erfahrung mit dem heiligen Antonius, Spezialist für verlorene Gegenstände, gemacht. Aber bitte, warum sollte man das nicht auch den Engeln überlassen?

Allerdings müssen wir dabei den Respekt wahren. Wir dürfen Engel nicht als Domestiken betrachten, die unsere Nachlässigkeit oder unseren Leichtsinn ausbügeln. Sich darauf zu verlassen, kann übel ins Auge gehen. Wer mit dem Gedanken „Mein Schutzengel passt schon auf" nachts durch gefährliche Gebiete spaziert oder in jeder freundlich auftretenden Person gleich die Inkarnation eines Engels sieht, ist arrogant oder naiv. Wir sind immer für uns selbst verantwortlich. Wenn wir außerdem Unterstützung bekommen, die über das hinausgeht, was wir uns rational erklären können, sollten wir das als ein besonderes Geschenk betrachten, nicht als Selbstverständlichkeit.

Nun befassen wir uns hier schon eine Weile recht selbstverständlich mit der Wirkung von Engeln. Also gibt es sie nun oder nicht? Letztlich ist das eine Frage des Glaubens, auch wenn es für manche Menschen aufgrund ihrer persönlichen Erfahrung Gewissheit ist und medial Begabte sogar Engel sehen können. Eines aber ist sicher: Der Glaube daran ist hilfreich, deshalb lohnt es sich, ihn zu fördern. Versuchen Sie es doch einmal so: Wenn demnächst eine Herausforderung für Sie ansteht, dann schließen Sie die Augen, entspannen sich und bitten einen Engel, der sich mit der entsprechenden Sache auskennt, um Unterstützung. Dass er Ihnen etwa hilft, in einer Prüfung die passenden Antworten zu finden, dass er Ihrem Arzt die richtige Diagnose eingibt oder Sie bei einer Gehaltsverhandlung unterstützt. Sie müssen nicht einmal daran glauben, nur bereit sein, sich darauf einzulassen. Vielleicht werden Sie es merken: Bereits die Konzentration auf einen Engel verstärkt das Gefühl der Sicherheit und des Schutzes. Und das ist in jedem Fall himmlisch.

F wie Freundlichkeit – Das kostet nur ein Lächeln

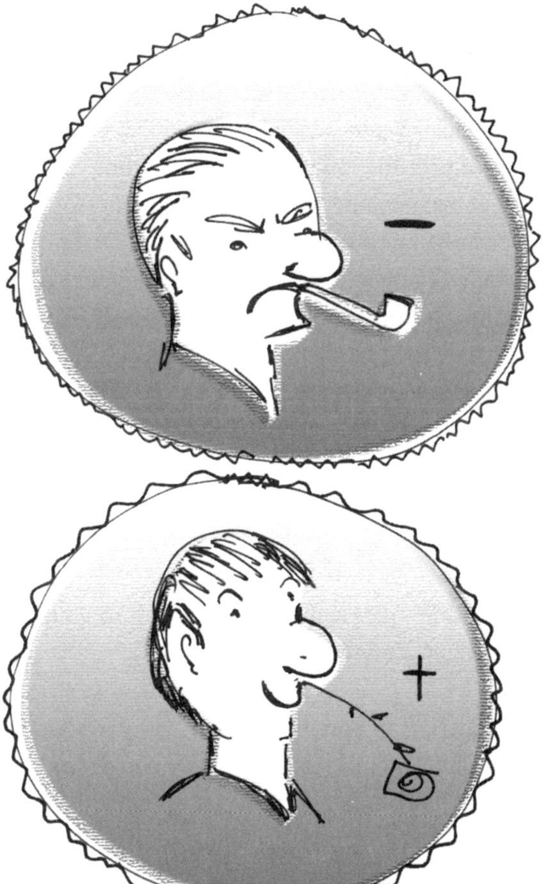

Zu einer Lesung in einer süddeutschen Stadt holte mich die Veranstalterin vom Bahnhof ab und lud mich netterweise gleich zu einem Kaffee ein. In der Nähe ihrer Buchhandlung hatte vor einigen Wochen ein hübsches Café aufgemacht, in dem sie bisher noch nicht gewesen war. Das wollte sie gerne einmal ausprobieren. Wir wunderten uns ein wenig, dass wir die einzigen Gäste waren. Die Inhaberin brachte uns selbst die Karte. Meine Begleiterin schaute hinein und sagte zu ihr: „Ich glaube, ich nehme einen Pfefferminztee …“ „Glauben Sie es – oder wollen Sie einen?“ Trotz der barschen Frage bewahrte die Buchhändlerin Haltung, und ich verzichtete vorsichtshalber auf eine einleitende Floskel zu meinem Getränkewunsch. Wir entschieden uns dann noch für Schokoladenkuchen. Auf unsere Erkundigung, ob es dazu auch Sahne gäbe, bekamen wir die strenge Antwort: „So etwas gibt es bei uns nicht. Unsere Speisen sind lowcarb.“ Aha, reduzierte Kohlehydrate also. Die Buchhändlerin wollte mit etwas Smalltalk die gereizte Stimmung entspannen und erkundigte sich: „Dies ist nicht nur ein Café, sondern auch ein Bistro?“ Die Inhaberin konterte pampig: „Steht doch draußen auf dem Schild.“ Nachdem wir das Café verlassen hatten, waren wir uns einig: „Das war unmöglich.“ Ohne Begleitung wäre jede von uns beiden bei so viel Unfreundlichkeit aufgestanden und gegangen.

Ein chinesisches Sprichwort sagt: „Wenn du nicht lächeln kannst, mache kein Geschäft auf.“ Wie wahr. Nun gut, nicht jedem fällt es leicht, Kontakt aufzunehmen. Zurückhaltende, introvertierte Menschen sind in diesem Punkt gegenüber den extravertierten etwas im Nachteil, denen das Herz eher auf der Zunge liegt. Doch welches Naturell man auch hat, es ist niemals eine Entschuldigung für Unfreundlichkeit. Die ist nämlich nicht angeboren, sondern eine Frage der Einstellung. Um hier gleich einem Missverständnis vorzubeugen: Freundlichkeit bedeutet keineswegs, dass man ein Dauerlächeln auf den Lippen trägt, niemandem einen Wunsch abschlägt und die eigenen Interessen zurückstellt. Echte Freundlichkeit ist vielmehr eine Haltung der Wertschätzung gegenüber den Mitmenschen. Ob Freundlichkeit tatsächlich dieser Einstellung entspringt, lässt sich von außen schwer beurteilen. Doch für uns selbst können wir das schnell klären. Dazu müssen wir uns nur ehrlich die Frage beantworten: Was ist mein Motiv? Viele sind nur deshalb immer nett und freundlich, weil sie Angst vor Ablehnung haben. Sie wollen geliebt werden und glauben, mit Selbstaufgabe könnten sie das erreichen. Also lächeln sie tapfer, auch wenn man sie verletzt. Sie stimmen höflich zu, obwohl sie eigentlich anderer Meinung sind. Sie machen Geschenke, um sich Liebe zu erkaufen. Sie stellen die eigenen Bedürfnisse hinter denen der anderen zurück. Heraus kommt dabei etwas, das sich mit dem Ausspruch charakterisieren lässt: „Everybody's darling is everybody's depp." Klingt hart, passt aber. Wirklich freundliche Menschen dagegen vertreten klar und deutlich ihre eigenen Interessen und sind auch in der Lage, Grenzen zu setzen. Nur tun sie das niemals mit ausgefahrenen Ellenbogen und kränkendem Verhalten. Sie bleiben selbst dann konsequent, wenn sie angegriffen werden, Kritik üben müssen oder entschieden Nein sagen. In dem Fall macht der Ton die Musik.

Mit Freundlichkeit als Grundhaltung beeinflussen wir den Erfolg in allen Lebensbereichen, dafür war mein Cafébesuch ein deutliches Beispiel. Schließlich ist jeder sowohl beruflich als auch privat lieber mit einem verbindlichen

Menschen zusammen als einem ruppigen. Die meisten von uns benötigen in puncto Freundlichkeit allerdings ein bisschen Training. Oft ist sie uns nämlich durch Zeitmangel oder Nachlässigkeit verloren gegangen. Dazu lässt sich das Pfadfinder-Motto „Jeden Tag eine gute Tat" in „Jeden Tag eine Freundlichkeit" umformulieren. Nehmen Sie sich vor, täglich (mindestens) eine Freundlichkeit weiterzugeben, die sich nicht unmittelbar für Sie auszahlt. Hier ist eine kleine Auswahl zur Anregung:

- Machen Sie ein Kompliment, und zwar möglichst persönlich gehalten: „Ihr Schal hat eine wunderschöne Farbe, die passt perfekt zu Ihren Augen."

- Verschenken Sie Teile Ihrer Arbeit. Das können konkrete Dinge sein, aber auch Zeit oder eine Leistung.

- Kaufen Sie jemandem etwas ab, obwohl Sie es nicht benötigen, vielleicht eine Obdachlosenzeitung oder eine Rose vom Rosenverkäufer im Restaurant.

- Wenn Sie beim Shoppen eine Kleinigkeit sehen, bei der Sie spontan an eine bestimmt Person denken, dann kaufen Sie das Teil.

- Geben Sie eine gute Adresse weiter, von Ihrem begnadeten Frisör oder von dem Reiseveranstalter, der ganz besondere Touren anbietet.

Auch wenn nicht immer unmittelbar etwas zurückkommt, wird sich das freundliche Verhalten auf die Dauer lohnen. Die positive Energie, die wir auf diese Weise verbreiten, wirkt sich in jedem Fall aus. Wir selbst fühlen uns gut. Außerdem zieht unsere Freundlichkeit Kreise wie ein ins Wasser geworfener Stein. Mit unserer Freundlichkeit sind wir der Ausgangspunkt, von dem aus die Welt um uns herum ein bisschen lebenswerter wird. Nach dem Gesetz der Resonanz kommt das früher oder später auf vielfältige Weise zu uns zurück. Irgendwo habe ich gelesen, Freundlichkeit sei eine Einzahlung auf die Bank des Universums. Stellen Sie sich vor: Jedes Mal, wenn Sie zu jemandem freundlich sind, schreibt Ihnen Ihr himmlischer Banker eine ideelle Summe gut. Wenn sich dann genug auf Ihrem Freundlichkeitskonto angesammelt hat, ist Zahltag. Lassen Sie sich überraschen.

Wirklich freundliche Menschen
sind auch in der Lage, Grenzen zu setzen –
nur tun sie das niemals
mit ausgefahrenen Ellenbogen.

G wie Glückspilz – Good Luck!

Haben Sie in letzter Zeit zufällig eine Münze auf der Straße gefunden, vielleicht ein Fünfcentstück? Ihr Fund hätte Sie dann zwar nicht reich gemacht, aber er wäre ein Hinweis darauf gewesen, dass Sie das Zeug zum Glückspilz haben. Das ergibt sich jedenfalls aus einem Experiment, das der Psychologie-Professor Richard Wiseman von der englischen Universität Herfordshire durchgeführt hat: Wiseman stellte zunächst die Hypothese auf, dass sich Glückspilze im Gegensatz zu Pechvögeln ihre positiven Erlebnisse durch ihr Verhalten selbst verschaffen. Um das zu beweisen suchte er Männer und Frauen, die sich jeweils als Glückspilz oder Pechvogel einstuften und das auch mit Fakten aus ihrem Leben belegen konnten. Zwei seiner Versuchspersonen waren Martin, der sich als echtes Glückskind betrachtete, und Brenda, die fand, sie sei der geborene Pechvogel. Für beide arrangierte Wiseman genau dieselben äußeren Bedingungen und beobachtete ihre Reaktion darauf. Schauplatz des Experimentes war ein Café in der Nähe der Universität. Ein Fernsehteam installierte mehrere versteckte Kameras vor dem Eingang des Lokals. Brenda und Martin hatten keine Ahnung, worum es wirklich ging. Sie wurden gebeten, einzeln und zu unterschiedlichen Zeiten in das Café zu gehen und dort auf jemanden zu warten, der sie zu einem Arbeitsprojekt interviewen sollte. Kurz vor dem Eintreffen legte Wiseman eine druckfrische Fünfpfundnote direkt vor dem Eingang des Lokals auf den Bürgersteig. Die spannende Frage war, wer das Geld sehen würde und wer nicht. Martin war als Erster einbestellt. Die Kameras liefen schon, als er vor dem Café auftauchte. Mit einem Blick sah er die Fünfpfundnote, hob sie auf und ging hinein. Einige Zeit später legte Wiseman den nächsten Schein aus und wartete versteckt auf Brenda. Wie blind stapfte sie über das Geld hinweg und betrat das Café. Hypothese bestätigt: Glückspilze reagieren anders auf gute Gelegenheiten als Pechvögel. Nun kann man natürlich einwenden, dass ja wohl jeder mal in Gedanken sein kann und dann gerade nicht so auf seine Umwelt achtet. Deshalb führte Professor Wiseman das Experiment noch weiter und gab jedem der beiden Probanden eine zweite Chance, eine gute Gelegenheit wahrzunehmen: Auch in dem Café hatte sein Team eine besondere Situation arrangiert. Am einzigen freien Tisch saß ein älterer Komparse, der sich als erfolgreicher Geschäftsmann gab. Falls man einen Job sucht oder Finanztipps braucht, ist es sicher gut, so jemanden zu kennen. Networking ist schließlich ein Schlüssel zum Erfolg. Kaum hatte sich Martin gesetzt, machte er sich mit dem vermeintlichen Geschäftsmann bekannt und war bald in ein interessantes Gespräch vertieft. Später setzte sich Brenda ebenfalls zu dem Geschäftsmann. Doch anders als vorher Martin rührte sie stumm in ihrer Kaffeetasse und nahm keinen Kontakt auf. Noch am selben Tag interviewte Professor Wiseman die beiden und fragte, ob sich für sie heute schon glückliche oder unglückliche Begebenheiten zugetragen hätten. Brenda zuckte die Achseln und meinte, ihr Tag sei völlig ereignislos verlaufen. Martin schilderte lebhaft, dass er auf der Straße eine Fünfpfundnote gefunden und sich in einem Café sehr nett mit einem erfolgreichen Geschäftsmann unterhalten habe. Gleiche Gelegenheiten, anderer Verlauf.

Sogar den größten Glückspilzen ist nur selten klar, dass sie bei ihrem Erfolg selbst die Hand mit im Spiel haben. Sie handeln meist unbewusst und glauben, dass die sich bietenden Chancen reine Zufälle sind. Wissenschaftliche Untersuchungen, wie Wiseman sie durchgeführt hat, zeigen dagegen: Es ist keineswegs so, dass ein unfaires Schicksal seine Lieblinge bevorzugt und dem traurigen Rest den Frust schickt. Glückspilze führen gute Gelegenheiten eher herbei, bemerken sie schneller und reagieren besser auf sie als Pechvögel. Diese Erkenntnis ist sensationell. Das bedeutet nämlich, dass jeder von uns Glückspilz-Eigenschaften entwickeln kann, wenn er sich ernsthaft darum bemüht. Wohlgemerkt handelt es sich um Eigenschaften, mit denen man voraussichtlich mehr Glück hat, und nicht darum, wie man es schafft, sich glücklicher zu fühlen. Die Engländer unterscheiden das präzise. Sie sprechen in dem Falle von „luck“, einer günstigen Gelegenheit, im Gegensatz zu „happiness“, dem Wohlgefühl. Wobei man sich durchaus fragen darf, ob nicht beides eng zusammenhängt. Wer häufig Glück hat, fühlt sich wahrscheinlich auch wesentlich glücklicher als einer, dem vieles misslingt.

Um zum Glückspilz zu mutieren, müssen wir uns anschauen, worin denn seine Kernkompetenz besteht. Dabei zeigt sich vor allem eine wichtige Eigenschaft: Er ist offen für neue Erfahrungen und für andere Menschen. Allerdings nicht in naiver Weise, für die eher der Spruch gilt: „Wer immer offen ist, ist nicht ganz dicht.“ Die Offenheit der Glückspilze ist eine grundlegende Haltung, die sich am besten mit „Aufgeschlossenheit“ umschreiben lässt. Es handelt sich um eine Zugewandtheit, eine positive Neugier. Wer in diesem Sinne offen ist, hat keine unbegründeten Ängste vor unbekannten Situationen. Er glaubt daran, dass sie etwas Gutes für ihn enthalten, das es nur zu entdecken gilt. Mit der gleichen Offenheit knüpft ein Glückspilz Kontakte. Er interessiert sich für andere Menschen und hält Smalltalk, um sie kennenzulernen.

Es leuchtet ein, dass Glückspilze durch ihre Aufgeschlossenheit mehr Möglichkeiten für erfolgreiche Ergebnisse kreieren. Je weiter man etwa streut, was man sucht und je mehr Informationen man von anderen sammelt, desto schneller erreicht man meist sein Ziel oder erhält optimale Hinweise. Ob es um eine neue Wohnung, einen guten Job oder Tipps für den besten Zahnarzt geht, Offenheit erhöht die Chancen. Falls Sie Ihr Glückspilz-Potenzial noch erweitern möchten, stellen Sie sich regelmäßig die Frage: Wie würde sich ein Glückspilz verhalten? Statt sich dann im Park eine Bank möglichst weit von anderen Spaziergängern auszusuchen, nehmen Sie dort Platz, wo schon jemand sitzt. Vielleicht ergibt sich ein nettes Gespräch. Statt sich mit einer DVD aufs Sofa zu verziehen, geben Sie sich einen Ruck und gehen auf die Party, auch wenn Sie dort nur die Gastgeber kennen. Statt auf die Einladung einer Bekannten zu sagen: „Vielen Dank, aber ich interessiere mich nicht so für Kammermusik", nehmen Sie ihren Vorschlag, sie zum Konzert zu begleiten, an. Wer weiß, was daraus noch an positiven Erfahrungen und guten Gelegenheiten folgt. Viel Glück!

H wie Herz – Emotionale Heizstrahler

Wir kommen am Herzen nicht vorbei, im Alltag begegnet es uns auf Schritt und Tritt. Um festzustellen, wie wahr das denn eigentlich ist, habe ich ein Experiment gewagt und drei Tage lang notiert, wo es mir überall per Zufall ins Auge sprang. Hier ist eine kleine Auswahl: Aufkleber auf einem Golf: „I love NY", wobei „love" durch das Herzzeichen ersetzt ist. Das „M" des Kosmetiksalons „Mita" ist in Herzform geschrieben. Im Schaufenster einer Boutique stehen die Preise auf Papierherzen. Eine Kneipe hat ein Herz mit Flügeln als Logo über der Eingangstür. Eine Zeitung umrahmt ihre Rubrik „Lieblingsaktionen" mit einem Herz.

Die Bedeutung ist immer dieselbe: Das Herzsymbol steht für Liebe, auch im weiteren Sinn von „Ich liebe das". Diesen Code kennen wir alle, darüber müssen wir nicht einmal mehr nachdenken. Erstaunlich ist allerdings, dass das beliebte Herzsymbol so eine hübsche symmetrische Form hat, obwohl das organische Herz doch keineswegs gefällig aussieht. Es ähnelt eher einer von Adern durchzogenen Faust aus rotem Fleisch – nicht besonders attraktiv. Tatsächlich ist die schon sehr alte Form des uns vertrauten Herzsymbols gar kein direktes Abbild des physischen Herzens. Es handelt sich vielmehr um die stilisierte Darstellung eines Efeublattes. Schauen Sie sich unter diesem Aspekt doch einmal ein Efeublatt an. Wenn Sie die kleinen Spitzen an den Seiten nach hinten biegen, sieht es exakt wie ein grünes Herz aus. In griechischen, römischen und frühchristlichen Kulturen symbolisierte der Efeu die ewige Liebe. Wohl deshalb, weil die Pflanze im wahrsten Sinne des Wortes äußerst anhänglich ist, dazu immergrün und langlebig. Efeublätter tauchen häufig als Dekor auf Vasen und Fresken auf. In der Literatur des Minnesangs im 12. und 13. Jahrhunderts illustrierte man Liebesszenen mit Efeublättern in Rot, der Farbe der Liebe. Als Sinnbild des liebenden Herzens verbreitete sich das stilisierte rote Efeublatt dann über ganz Europa. Gewiss zeigt schon dieser kurze Blick auf die Kulturgeschichte, welche Mühe es gekostet hat, das Herz über die Jahrhunderte mit Bedeutung aufzuladen. Und heute dient es bei uns nur noch dazu, das Angebot für Konsumenten mit einem guten Gefühl aufzupeppen? Da kann man eigentlich nur sagen: armes Herz!

Doch es stellt sich die Frage, ob von der ursprünglich tieferen Bedeutung in unserer Zeit tatsächlich nichts mehr übrig geblieben ist. Immerhin zeigt sie sich noch in dem Ausdruck „Ein Herz haben", wie er etwa für eine TV-Spendengala verwendet wird. Das Herz gilt vor allem als Synonym für Mitgefühl. An Mimik, Körpersprache und Stimme können wir ablesen, ob unser Gegenüber verzweifelt, deprimiert, traurig, oder enttäuscht ist. Wichtig ist dann, dass wir angemessen darauf reagieren – nämlich mit Herz. Ein gutes Beispiel dafür ist Bill Clinton. Während seiner Amtszeit als Präsident der USA besuchte er die Überschwemmungsgebiete im Mittleren Westen. Dabei traf er auch auf Christina Hein, 24, eine Computerfachfrau aus der Stadt Des Moines. Sie erinnert sich noch heute: „Er sah mich ernst an und ich brach in Tränen aus." Als sie ihm erzählte, dass ihre Eltern durch das Unglück ihre Ranch verloren hatten, traten Clinton ebenfalls Tränen in die Augen. Dann umarmte er sie und flüsterte: „Es tut mir leid, so schrecklich leid. Halten Sie durch." Wer sein Herz in puncto Mitgefühl aktivieren möchte, braucht sich eigentlich nur eine einzige Frage zu stellen: Was würde ich mir selbst an dieser Stelle wünschen? Dann ist einem schnell klar, dass ein markiger Durchhaltespruch, ein oberflächliches „Kopf hoch, das wird schon wieder" oder ein unerwünschter guter Rat nicht besonders hilfreich sind. Der nächste Schritt besteht darin, die Emotionen, die unser Gegenüber in uns ausgelöst hat, auch auszudrücken. In diesem Punkt haben wir oft Hemmungen. Wir denken, es wäre dem anderen unangenehm oder würde seine Misere noch verstärken, wenn wir unsere Betroffenheit deutlich zeigen, vielleicht sogar mit ihm weinen. Oder wenn wir unserem Impuls folgen und ihn in die Arme nehmen, obwohl wir gar nicht so vertraut miteinander sind. Das Gegenteil ist der Fall, kaum etwas ist tröstlicher, als Wärme und Verständnis zu spüren. Deshalb sollten auch zurückhaltende Menschen über ihren Schatten springen und mit Worten und Gesten Mitgefühl bekunden. Wie sich am Beispiel Bill Clintons zeigt, bleibt das unvergesslich.

Doch das Herz ist nicht nur für die großen Gefühle zuständig. Wir finden es auch im Begriff „Herzlichkeit". Herzlichkeit ist das Gegenteil von Kühle und Förmlichkeit. Mit ihr richten wir einen emotionalen Heizstrahler auf unser Gegenüber und geben ihm zu verstehen, dass er oder sie willkommen ist. So tauen wir sogar verlegene und schüchterne Menschen auf. Dabei geht es um das kleine Strahlen, oder besser gesagt das Anstrahlen. „Wie schön, Sie zu sehen, ich habe kürzlich noch an Sie gedacht." „Kommen Sie doch auf einen Sprung herein, ich habe gerade Kuchen gebacken." „Ihr Sohn hat jetzt einen Studienplatz, das freut mich sehr." So oder ähnlich klingt es, wenn wir Herzlichkeit zeigen. Zur Herzlichkeit gehört auch immer eine Prise Spontaneität und Unkompliziertheit. Man kann sie kaum vorbereiten, weil sie meist situationsabhängig ist. Aber indem wir sie als Grundhaltung pflegen, lässt sie sich jederzeit ohne langes Nachdenken abrufen.

Wenn man es recht bedenkt, dann sind die vielen Herzen, die im Alltag konsummäßig im Umlauf sind, gar nicht so schlecht. Wir können sie als Erinnerungshilfe nehmen, um häufiger Mitgefühl mit den Sorgen oder dem Kummer der Menschen in unserer Nähe zu zeigen. Und um im Umgang mit anderen bewusst ein wenig herzlicher zu sein, zu lächeln, zu loben, zu umarmen, einzuladen.

In diesem Sinne: Herzliche Grüße!

Wer sein Herz in puncto Mitgefühl aktivieren möchte, sollte sich fragen: Was würde ich mir jetzt selbst wünschen?

I wie Intuition – Training für den Bauch

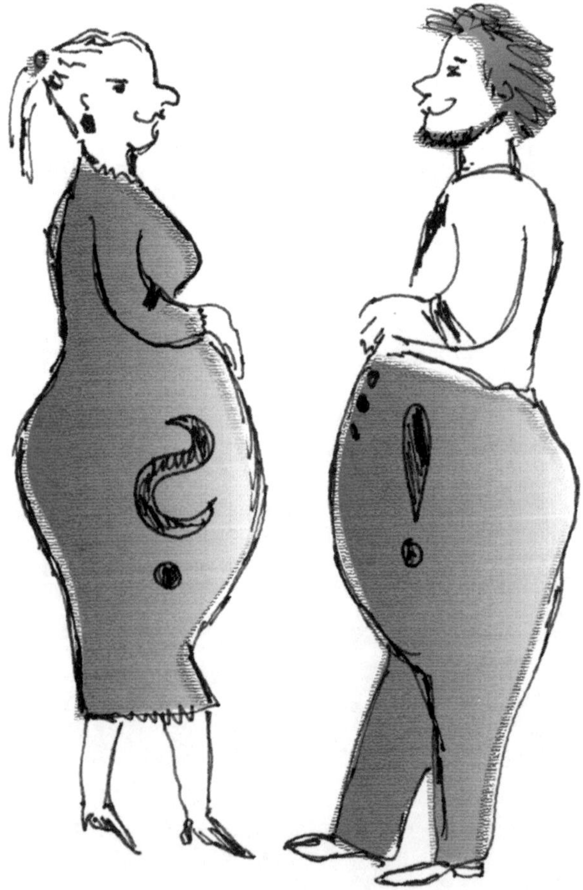

Der Makler reicht Ihnen schon den Füller zur Unterzeichnung des Mietvertrages. Plötzlich zögern Sie. Sollen Sie die Wohnung wirklich nehmen? Klar, sie hat die passende Größe, ist ruhig, hell und bezahlbar, aber irgendwie fühlen Sie sich darin unwohl.

Nicht nur unser rationaler Verstand führt zu richtigen Schlüssen und fällt gute Entscheidungen, uns steht dazu ein noch viel umfassenderes Instrument zur Verfügung: unsere Intuition. Man bezeichnet sie auch als „Bauchgefühl", „innere Stimme", „Eingebung", „Ahnung" oder „sechsten Sinn". Gemeint ist ein ganzheitliches Wissen, das auf vielfältiger Erfahrung beruht und in unserem Unterbewusstsein gespeichert ist. Im passenden Augenblick zeigt es sich spontan als Erkenntnis.

Jeder Mensch besitzt Intuition. Allerdings ist sie unterschiedlich ausgeprägt. Das ist kaum verwunderlich, denn wie jede Fähigkeit muss auch die Intuition gepflegt und gefördert werden. Ein wirkungsvolles Training besteht darin, in fraglichen Situationen die von innen aufsteigenden Impulse wahrzunehmen und anzuerkennen. So kann das gelingen:

Trauen Sie Ihrem Gefühl

In unserer westlichen Welt zählt der logische Verstand meist mehr als das Gefühl. Zu Unrecht, denn unsere Gefühle liefern uns wichtige Informationen darüber, inwieweit eine Situation, ein Mensch oder eine Tätigkeit uns nutzt oder schadet. Anstatt sie als lästig zu unterdrücken, können wir sie bewusst als Kompass für unseren Alltag nutzen: Sie haben kein gutes Gefühl beim Babysitter Ihres Kindes, obwohl andere Mütter mit ihm zufrieden sind? Das Angebot klingt verlockend, aber der Firmenchef ist Ihnen unsympathisch? Die Nachbarin ist äußerst freundlich, aber Sie haben Bedenken, ihr den Wohnungsschlüssel anzuvertrauen? Hören Sie auf Ihr Gefühl. Es hat meist einen guten Grund, der sich oft erst später herausstellt.

Fragen Sie Ihren Bauch

Nicht umsonst nennt man die Intuition auch „Bauchgefühl". Dahinter steckt mehr als nur ein Bild. Neurowissenschaftler entdeckten mehr als hundert Millionen Nervenzellen im Darmtrakt. Diese komplexe Schaltzentrale befähigt das vegetative System, selbstständig aktiv zu werden, zu lernen und Erinnerungen zu speichern. Die „Bauch-Intelligenz" lässt sich gezielt benutzen. Fragen Sie Ihren Bauch doch einmal ganz direkt: Setzen Sie sich gerade hin, beide Füße auf dem Boden, die Hände flach auf dem Bauch. Stellen Sie ihm die entscheidende Frage, etwa „Soll ich die Freundschaft trotz meiner Enttäuschung weiterführen?" „Will dieser Mensch mein Bestes?" Bleiben Sie ruhig und entspannt sitzen. Lassen Sie sich Zeit, um die Antwort vom Bauch her aufsteigen zu lassen. Sagt er Ja? Oder wehrt er sich mit Grummeln? Es lohnt sich, darauf zu hören.

Manchmal ist es auch sinnvoll, Hilfsmittel zu benutzen, um die Intuition anzulocken. Keine Sorge, Sie begeben sich damit nicht gleich ins Reich der Magie. Stattdessen verfahren Sie genauso wie bei einem projektiven Test: In der Psychologie verwendet man häufig Bilder, um dem Unbewussten auf die Schliche zu kommen. Was die Versuchspersonen in Tintenklecksen oder Zeichnungen sehen, verrät indirekt ihre verborgenen Einstellungen und Gefühle. Nach dem gleichen Prinzip können Sie Ihre Intuition aktivieren.

Werfen Sie eine Münze

Sie haben eine sorgfältige Pro- und Contra-Liste gemacht, und nun steht es fifty-fifty. Sie können sich nicht entscheiden und kommen mit Nachdenken einfach nicht weiter? Werfen Sie eine Münze – Kopf oder Zahl. Achten Sie danach genau auf Ihre Reaktion. Freuen Sie sich über das Ergebnis? Sind Sie erleichtert? Oder sind Sie enttäuscht? Auf diese Weise kann Ihre Empfindung zum Zünglein an der Waage für die bessere Entscheidung werden.

Orakeln Sie

Formulieren Sie zunächst Ihre Frage so präzise wie möglich: „Werde ich mit diesem Projekt Erfolg haben?" „Soll ich die Reise machen?"

Und dann nutzen Sie eine der folgenden Möglichkeiten als Spiegel für Ihre verborgenen Einsichten: Schlagen Sie ein Buch oder eine Zeitung auf und tippen Sie mit geschlossenen Augen auf eine beliebige Stelle.

Überlegen Sie, was Ihnen der Satz als Antwort sagen möchte. Horchen Sie in sich hinein und achten Sie auf Ihre Empfindungen. Fühlen Sie sich bestärkt oder eher gewarnt?

Schreiben Sie automatisch

Sie haben ein Problem? Nehmen Sie ein Blatt Papier und schreiben Sie ohne Zensur alles auf, was Ihnen dazu einfällt. Es darf ruhig banal oder unsinnig sein. Wichtig ist, dass Sie beim Schreiben nicht innehalten und nachdenken, sondern weiter drauflos schreiben, bis Ihnen absolut nichts mehr einfällt. Auf diese Weise kristallisieren sich Ihre Einstellung und Ihre wahren Gefühle heraus. Außerdem: Nachdem Sie sich alles von der Seele geschrieben haben, ist Ihre Sicht auf die Dinge viel klarer und Sie können viel leichter eine Lösung finden.

Achten Sie auf Ihre Träume

Lassen Sie den Abend ruhig ausklingen. Verzichten Sie auf einen aufregenden Fernsehfilm oder einen Krimi als Bettlektüre. Kurz vor dem Einschlafen denken Sie intensiv an das Problem, das Sie gerne lösen möchten. Etwa, ob es richtig ist, einen Vertrag zu unterschreiben oder ob es angebracht ist, einem bestimmten Menschen zu vertrauen. Sagen Sie laut: „Ich werde mich an meinen Traum erinnern.“ Während des Schlafes wird sämtliches Für und Wider auf einer tieferen Ebene bearbeitet. Es kann also sein, dass Sie am Morgen mit einer inneren Gewissheit oder einer guten Idee aufwachen.

J wie Ja sagen – Realität ist formbar

Wie bitte? Ich soll Ja dazu sagen, dass es in meiner Partnerschaft ständig Streit gibt? Dass mein Kollege im Job befördert wurde und ich leer ausgehe? Dass mein Kind in der Schule Probleme hat? Dass ich wochenlang für diese blöde Prüfung lernen muss? Geht's noch?

Tatsächlich scheint es eher eine Option für Masochisten zu sein, eine ungeliebte Situation anzunehmen. Wir haben meist auch unsere Tricks, es nicht zu tun. Etwa indem wir uns in eine bessere Zukunft träumen: „Wenn ich erst einmal die Prüfung hinter mir habe, dann fängt ein neues Leben an." Oder Schuldzuweisungen halten uns davon ab, die Gegenwart richtig einzuschätzen: „Würde sich mein Partner anders verhalten, wäre alles wunderbar." Das mag tröstlich sein und uns hoffnungsvoll stimmen, nur ändern wird sich dadurch so schnell nichts. Dazu müssen wir nämlich erst einmal eine sachliche Bestandsaufnahme machen, ohne Schönfärberei, ohne Schuldzuweisung, ohne Selbstmitleid: Was läuft derzeit nicht gut? Was funktioniert nicht? Was macht mich unglücklich? Was belastet mich und gefällt mir nicht? Worunter leide ich? Worüber ärgere ich mich?

Was wir dabei herausfinden, müssen wir erst einmal ohne Wenn und Aber als Gegebenheit akzeptieren. Jedoch nicht resignierend, nach dem Motto: So ist es nun mal … Vielmehr schaffen wir mit unserem nüchternen Ja zur Gegenwart die Basis für eine mögliche Veränderung. Wir müssen nämlich keineswegs in unserer Realität stecken bleiben.

Im nächsten Schritt können wir uns fragen: Was genau soll sich ändern? Doch Vorsicht, wir sollten uns keine Dinge wünschen, die eher in den Aufgabenbereich einer guten

Fee fallen. Es bringt nichts, mit Wunschmagie zu experimentieren und sich passiv eine bessere Welt zu visualisieren. Auch darauf zu hoffen, jemand möge sich uns gegenüber anders verhalten als bisher, ist in den meisten Fällen vergeblich. Schließlich haben wir keine Macht über andere Menschen, sondern nur über uns selbst. Wir sollten im Bereich des Möglichen bleiben und prüfen, welche Veränderungen wir eigenständig in die Wege leiten können. Manche Fakten lassen sich nicht beeinflussen, wir müssen sie einfach als gegeben hinnehmen. Aber Veränderung bezieht sich auch nicht unbedingt auf eine aktive Handlung, sie kann auch eine Einstellung oder Verhaltensweise betreffen. Etwa dass wir uns endlich wertschätzen, dass wir uns trauen, Forderungen zu stellen, dass wir gesünder leben oder freundlicher sind. Haben wir herausgefunden, was wir tun können, um unsere gegenwärtige Realität positiv zu beeinflussen, geht es darum, das konsequent umzusetzen. Egal wie klein die Schritte sind, die für uns im Bereich des Möglichen liegen.

Mein Held in puncto Ja sagen zur Realität und das Beste daraus zu machen heißt Stefan Kovac. Wenn es ihm gelungen ist, seine gegenwärtige Situation anzunehmen und alles zu tun, um sie zu verbessern, dann hat wohl kaum einer von uns eine plausible Ausrede, es nicht ebenfalls zu schaffen. Hier ist seine Geschichte:

Stefan machte Urlaub auf Mallorca. Schon oft war er in der Bucht des Ferienortes von einem Felsen ins Meer gesprungen, ebenso wie andere Touristen und Einheimische. Normalerweise war das ungefährlich. Doch durch ein Unwetter war kurz zuvor an diese Stelle eine Sandbank entstanden, die man vom Ufer nicht sehen konnte. Stefan prallte auf den harten Grund. Er überlebte das Unglück nur knapp. Seitdem ist er vom Hals abwärts gelähmt, sitzt im Rollstuhl und ist völlig auf Hilfe angewiesen, muss sogar gefüttert werden. Wohl die meisten von uns wären an seiner Stelle verzweifelt und hätten mit ihrem Schicksal gehadert. Stefan reagierte anders. Für ihn war sofort klar: Das ist passiert, ich kann es nicht ändern. Sein Credo lautete: „Es ist, wie es ist." Er verbot allen, an seinem Bett zu jammern. Stattdessen fragte er sich, was ihm noch möglich sei. Er hatte eine Familie und gute Freunde, an deren Unternehmungen er im Rollstuhl weitgehend teilnehmen konnte. Und er schaffte es, noch darüber hinauszugehen: Weil er keine Lust hatte, ein passives Leben zu führen, nutzte er das Geld der Unfallversicherung, um gemeinsam mit Freunden in seiner Heimatstadt eine Pizzeria zu eröffnen.

Selten hat mich eine persönliche Begegnung so beeindruckt wie die mit diesem 27-Jährigen, dem physisch kaum mehr zur Verfügung steht als sein kluger Kopf. Und der trotz seines Leidens so viel Optimismus und Humor besitzt, dass jeder gerne mit ihm zusammen ist. Vor allem zeigt er mit seiner Einstellung, wie sinnvoll es ist, die Realität anzunehmen. Und zu dem Ja zu sagen, was sich nicht ändern lässt, und darauf Veränderung aufzubauen.

Der amerikanische Psychotherapeut Gary Emery hat die notwendigen Schritte auf eine griffige Formel gebracht, die inzwischen auch als ACT-Methode bei uns bekannt ist:

- Accept current reality – sage Ja zu deiner gegenwärtigen Realität.
- Choose what you want – suche dir aus, was du verändern möchtest.
- Take action – setze konsequent um, was dir möglich ist, um dieses Ziel zu erreichen.

Auf diese Weise fühlen wir uns nicht länger den Umständen ausgeliefert, sondern als Meisterinnen und Meister unseres Lebens – trotz alledem.

Tatsächlich ist die Gegenwart das Einzige, was uns zur Verfügung steht. Zu ihr müssen wir erst einmal Ja sagen, ob es uns passt oder nicht.

Wenn wir die Gegebenheiten zunächst akzeptieren und dann im Veränderungsmodus mutig und kreativ vorgehen, werden wir entdecken: Wir haben weitaus mehr in der Hand, als wir gemeinhin glauben. Unsere Realität ist nicht festgeschrieben, sie ist formbar. Aber dazu müssen wir sie erst einmal annehmen.

Wir haben keine Macht über andere Menschen, sondern nur über uns selbst. Die sollten wir nutzen.

K wie Kind – Spiel mal wieder

Das „innere Kind“ ist ein Bild, das häufig in der Psychologie benutzt wird. Es symbolisiert die im Gehirn gespeicherten Gefühle, Erinnerungen und Erfahrungen aus der Kindheit, die häufig bis ins Erwachsenenalter wirksam sind. In der Psychotherapie wird das „innere Kind“ meist mit Gefühlen von Schmerz und Verletzung in Verbindung gebracht. Tatsächlich umfasst es aber die ganze Palette intensiver Gefühle wie Freude, Spaß, Neugier. Als Kinder waren wir schließlich nicht nur unglücklich, sondern noch viel öfter verspielt, abenteuerlustig und spontan. Diese Seite sollten wir unbedingt wieder entdecken, weil es uns glücklich und das Leben aufregender macht. Hallo Kleines, hier sind dazu Anregungen:

Das innere Kind spielt gerne

Nicht nur in jedem Mann steckt ein Kind, das spielen will, auch in jeder Frau. Das dürfen Sie gerne wörtlich nehmen.

- Besorgen Sie sich Spiele, am besten unkomplizierte Klassiker wie Malefiz oder Monopoly. Laden Sie Freunde zum Spieleabend ein. Vielleicht sogar stilecht mit Limonade und Schokoküssen.

- Bewerben Sie sich bei RTL für „Wer wird Millionär“. Nicht unbedingt, um es in die Sendung zu schaffen, sondern weil schon das Casting spannend ist.

- Melden Sie sich für eine Statistenrolle. Bewerben kann man sich in Komparsen-Portalen im Internet, beim örtlichen Theaterbüro oder der städtischen Künstlervermittlung. Wenn Sie Glück haben, wirken Sie in Ihrer Freizeit bei einer Film- und TV-Produktion oder auf der Bühne mit.

Das innere Kind ist kommunikativ

Als Kinder gehen wir offen auf jeden zu. Später sind wir damit lieber zurückhaltend. Schließlich will man sich nicht lächerlich machen oder aufdringlich sein. Schade eigentlich. Versuchen Sie es doch noch einmal. Und zwar so:

- Schreiben Sie einen Kommentar zu einem interessanten Blog. Oder eine Rezension auf Amazon zu einem Buch, das Sie großartig oder grauenvoll finden.

- Greeter nennen sich ehrenamtliche Stadtführer, die sich ohne Honorar via Internet mit interessierten Besuchern von außerhalb zu Spaziergängen verabreden. Dabei zeigen sie ihnen die schönsten Ecken ihrer Region.

- Melden Sie sich im Internet für „Couchsurfing" an. Dabei handelt es sich um ein kostenloses Netzwerk der Gastfreundschaft. Die Mitglieder nutzen die Website, um gratis eine Unterkunft auf Reisen zu finden oder selbst ein Dach über dem Kopf anzubieten.

Das innere Kind traut sich etwas

Die Hausbewohner mit Klingelstreichen ärgern oder vom Fünfmeterbrett springen, um dem Nachbarjungen zu imponieren? Mutproben sehen heute etwas anders aus, haben jedoch die gleiche Wirkung: Wir fühlen uns danach frisch und lebendig.

- Sagen Sie einen Tag lang zumindest privat nur die Wahrheit, aber bitte höflich verpackt. Sie werden sich wundern, wie aufregend das ist.

- Lassen Sie sich à la Frühstück bei Tiffany beim besten Juwelier vor Ort ganz cool die teuersten Klunker zeigen.

Oder verlangen Sie im imposanten Autohaus selbstsicher eine Probefahrt mit einem Luxusmodell.

- Schmuggeln Sie sich mit einer Freundin oder einem Freund auf ein Event, zu dem Sie nicht eingeladen sind, etwa eine Vernissage oder eine Weinverkostung.

Das innere Kind liebt Bewegung

Ja klar, Bewegung ist gesund und macht fit. Mit solchen Argumenten holt man vielleicht Erwachsene von der Couch, aber nicht das innere Kind – da muss schon ein bisschen mehr Spaß drin sein

- Einfach nur gehen ist langweilig. Aber mit einem Schrittzähler wird es interessant, weil man sich dann selbst herausfordern kann: Wie viele Schritte schaffe ich heute? Schrittzähler gibt es in verschiedenen Variationen, als eigenständiges Instrument, im Set einer Laufuhr oder als App.

- Machen Sie einen Tanzkurs. Ob Tango oder Salsa – let's dance. Man darf in Tanzschulen übrigens nach Anmeldung auch als Single erscheinen, für einen Partner oder eine Partnerin wird dann gesorgt.

- Trainieren Sie für den Marathon in einer attraktiven Großstadt, vielleicht Hamburg? Oder New York? Mit einem spektakulären Ziel vor Augen ist man beim Joggen im Park doch noch ganz anders motiviert.

Das innere Kind ist neugierig

Vielleicht haben Sie früher eins auf die Nase bekommen, wenn Sie mehr wissen wollten als den Erwachsenen lieb war. Heute ist Fortbildung eher Stress. Aber diese hier bringt bestimmt Spaß.

- Erkundigen Sie sich, wann es in Ihrer Nähe einen „Tag der offenen Tür“ gibt, zum Beispiel für Künstlerateliers, Museen, Kirchen, Baudenkmäler.

- Schließen Sie sich einer Gruppe an, die Ungewöhnliches beobachtet, etwa heimische Vogelarten beim „Birdwatching“.

- Wie ist es, in einer Gründerzeitvilla zu wohnen? Oder in einem schlossartigen Anwesen mit Park? Werfen Sie sich in Schale, kontaktieren Sie einen Makler und besichtigen Sie eine Immobilie, die Sie sich derzeit nicht leisten können.

Viel Spaß!!

L wie Loslassen – Weg damit!

Die Bezeichnung „Messie" (von engl. mess, Unordnung) klingt so sympathisch kuschelig. Doch dahinter verbirgt sich ein großes Problem: Messies können nichts wegwerfen. Als ich kürzlich das Arbeitszimmer eines vom Messienismus bedrohten Journalisten betrat, fand ich ihn erst gar nicht, verborgen hinter einem Berg von Zeitschriften, die er seit 1950 angesammelt haben musste, den gefährlich hoch gestapelten Ordnern und einer vertrockneten Yuccapalme. Mühsam schaufelte er mir ein Plätzchen frei. So schlimm ist es zum Glück nicht bei jedem, aber Loslassen fällt wohl keinem von uns leicht. Nicht nur bei Menschen, sondern auch bei Gegenständen. Dabei könnte es zu einer spannenden Reise zu uns selbst werden: Was passt noch zu mir? Wo halte ich an der Vergangenheit fest? Wovor habe ich heimlich Angst? Indem wir Gegenstände bewusst loslassen, gewinnen wir gleichzeitig mehr Klarheit über unsere Gefühle. Mit dem richtigen Know-how können wir uns dazu motivieren:

Sich in Stimmung bringen

Unsere Gedanken sind auch in puncto Wegräumen äußerst machtvoll. Wir können uns mental in Verzweiflung stürzen („Wie soll ich das alles nur bewältigen?") – oder uns selbst so richtig Lust auf das Entsorgen machen. Bringen Sie sich vor Beginn in eine positive Verfassung. Sagen Sie sich: „Ich befreie mich jetzt von überflüssigem Ballast und freue mich auf ein neues Gefühl der Leichtigkeit."

In kleine Portionen teilen

Jeder von uns besitzt nur eine begrenzte Menge Energie. Wer sich zu viel auf einmal vornimmt, sitzt am Ende erschöpft im Chaos. Deshalb sollte man das große Ziel in passende Einheiten aufteilen. Wählen Sie je nach Tagesform und Zeit zum Entrümpeln eine Schublade, ein Regal, einen Schrank. Schon der kleine Erfolg beflügelt für Weiteres. Das ist übrigens eine ganz praktische Übung dafür, wie wir generell mit unseren körperlichen und geistigen Kräften umgehen sollten.

Das Hamster-Prinzip aufgeben

Gerade wenn wir schon magere Zeiten erlebt haben, horten wir Dinge, von denen wir glauben, dass wir sie vielleicht irgendwann noch einmal brauchen könnten. Das reicht von dem Minifläschchen Duschgel aus dem Hotel bis zum aufgebügelten Geschenkpapier. Kündigen Sie diese überflüssige Lebensversicherung – und verringern Sie damit gleichzeitig die heimliche Angst, für die Zukunft nicht gerüstet zu sein. Sollten Sie tatsächlich später einen dieser Gegenstände benötigen, können Sie ihn neu kaufen oder ausleihen.

Erinnerungen sortieren

Am schwersten ist es, sich von Gegenständen zu trennen, die wir mit einem geliebten Menschen oder einem besonders schönen Erlebnis verbinden. Der kleine Plastik-Eiffelturm von der Parisreise, Kinderzeichnungen, das Brautkleid. Doch indem wir solche Symbole vergangener Glücksmomente festhalten wollen, bleiben wir der Vergangenheit sichtbar verhaftet. Überlegen Sie deshalb genau, wovon Sie sich absolut nicht lösen können oder wollen. Und warum nicht.

Gutes tun

Nützliche Gegenstände wegzuwerfen widerspricht zu Recht unserem Gefühl für Nachhaltigkeit. Es fällt uns entschieden leichter, sie zu entsorgen, wenn sie anderswo eine zweite Chance bekommen. Schon Aristoteles wusste: Der

Mensch ist ein „Zoon politicon“, ein soziales Wesen. Wir geben gern. Erkundigen Sie sich also, wo es dazu in Ihrer Nähe eine Gelegenheit gibt. In vielen Städten gibt es soziale Einrichtungen, wo Kleider, Bücher und Haushaltsgegenstände als Spende willkommen sind. Auch auf Flohmärkten können Sie Käufer glücklich machen.

Überfluss eindämmen

Oft besitzen wir Gegenstände in mehrfacher Ausführung. Vielleicht, weil wir sie geschenkt bekommen haben oder weil uns eine bessere Version zum Kauf verlockt hat, etwa Teekannen, Salatbestecke, Kerzenhalter, Reisetaschen. Diese doppelt und dreifach vorhandenen Dinge nehmen nicht nur Platz weg, Sie beschweren uns auch geistig. Weil sie uns immer wieder Entscheidungen abfordern: Nehme ich jetzt dieses oder jenes? Sortieren Sie wenn möglich nach der Faustregel: „Von jedem nur eins“.

Abschied nehmen

Dinge, denen wir emotional verbunden sind, lassen sich nicht einfach kaltherzig entsorgen. Unsere Seele braucht dazu ein wenig Zeit. Nehmen Sie den jeweiligen Gegenstand in die Hand. Schließen Sie die Augen und lassen Sie das dazu gehörige Ereignis noch einmal Revue passieren. Genießen Sie die Momente in Ihrer Fantasie. Und dann trösten Sie sich mit dem Spruch: „Nicht weinen, dass es vorbei, lächeln, dass es gewesen.“

Eine freie Radikale suchen

Manche Menschen hat die Natur mit einem Hang zum Aufbewahren versehen. Falls das für Sie zutrifft, sollten Sie sich nicht allein ans Loslassen machen. Bitten Sie jemand aus Ihrem Freundeskreis, Sie bei Ihrem Vorhaben tatkräftig zu unterstützen. Manchmal ist es nötig, dass uns jemand klar sagt: „Das kommt jetzt weg."

Etappensiege feiern

Aus der Pädagogik weiß man: Kritik blockiert das Gehirn, Lob stärkt. Das können wir für unsere Loslassen-Aktionen nutzen. Statt uns niederzumachen: „Warum habe ich bloß so viel Zeugs gesammelt?", sollten wir uns selbst auf die Schulter klopfen: „Super, wie entschieden ich jetzt Klarheit schaffe." Sie dürfen auch gerne mit einem Glas Sekt oder Selters den Blick auf die freien Flächen feiern. Schließlich haben Sie nicht nur Ihr Domizil aufgeräumt, sondern damit auch für Geist und Seele Freiräume geschaffen.

Indem wir Gegenstände bewusst loslassen, gewinnen wir gleichzeitig mehr Klarheit über unsere Gefühle.

M wie Motivation – Die geheimen Antreiber

Sie nannten ihn „Dumbo“, nach dem kleinen Elefanten in einem Zeichentrickfilm der Walt Disney-Studios, der dank seiner großen Ohren fliegen kann. Dieser Spitzname war keineswegs nett gemeint. Er war ein Teil der üblen Hänseleien, die sich Philipp in der Schule wegen seiner abstehenden Ohren anhören musste. Damals schwor er sich: Euch werde ich es noch allen zeigen! Niemand wird sich mehr über mich lustig machen! Heute besitzt er ein Millionenvermögen und ist ein Boss, den seine Angestellten respektieren. Nur wenige Vertraute wissen, dass die Motivation dieses selbstsicher auftretenden Mannes seinerzeit darin bestand, mit Geld und beruflichem Erfolg eine Wunde seiner Kindheit zu heilen.

Auch wenn der Auslöser nicht immer schmerzhaft sein muss, hinter allem, was wir tun, steckt eine Motivation. Motivation lässt sich von dem lateinischen Verb „movere“ – bewegen – ableiten, Beweggründe, die uns innerlich in Schwung bringen. Menschliches Verhalten ist selten von Willkür bestimmt: Es ist meistens zielgerichtet. Was nicht heißt, dass uns der Zweck immer bewusst ist. Wir können uns auch über die wahren Antriebe unserer Aktivitäten täuschen, zumal sie oft recht komplex sind. Etwa wenn Eltern davon überzeugt sind, nur das Beste für ihr Kind zu wollen, tatsächlich aber vor allem Angst haben, der Nachwuchs könnte zu selbstständig werden. Meist jedoch sind uns unsere Motive in Form von Vorstellungen, Wünschen und Erwartungen bekannt. Mit Emotionen verbunden geben sie uns Energie für unsere Aktivitäten.

Was genau uns antreibt, damit beschäftigt sich die Motivationspsychologie. Die amerikanischen Wissenschaftler

John Atkinson und David McClelland, die als Wegbereiter der modernen Motivationsforschung gelten, haben das Modell der „Big Three“, der „Großen Drei“, entwickelt. Damit beschreiben sie drei unterschiedliche Motivationssysteme, die dem Menschen offenbar angeboren sind: Leistungsmotivation, Bindungsmotivation und Machtmotivation:

Leistungsmotivation beinhaltet das Streben nach Effizienz. Man möchte immer besser werden in dem, was man tut. Die dazu passenden Emotionen sind Stolz oder Befriedigung im Blick auf das, was man geschafft hat. Hier tummeln sich Experten, aber im Extrem auch Perfektionisten und Workaholics.

Bindungsmotivation ist der Wunsch, zu anderen Menschen eine Beziehung aufzunehmen und sie zu erhalten. Man will einer sozialen Gruppe angehören und beruflich wie privat gut vernetzt sein. Dazu gehört auch die Sehnsucht nach Vertrauen und Intimität.

Machtmotivation: Dahinter steckt das Verlangen, selbst zu bestimmen und das Verhalten anderer Menschen oder Situationen zu beeinflussen. Das reicht vom Drang, etwas Positives zu bewirken bis hin zur Herrschsucht. Hier besteht leicht die Gefahr egoistischer Motive.

Unseren generellen Hauptantrieb können wir damit herausfinden. Wobei es natürlich noch zahlreiche individuelle Antriebe gibt, wie etwa Neugier, Genuss, Gerechtigkeit, der Wunsch nach Entspannung oder Kreativität.

Bleibt die Frage, wie stark denn unsere Motivation für einzelne Projekte aus unserem favorisierten Bereich ist. Das lässt sich mit einer einfachen Formel feststellen:

- Nehmen Sie ein beliebiges Vorhaben, das für die nächste Zeit auf Ihrer Agenda steht. Vielleicht wollen Sie Freunde zu einem leckeren Essen zu sich nach Hause einladen oder im Job ein Meeting vorbereiten. Legen Sie den persönlichen Wert oder die Bedeutung, den dieses Ziel für Sie besitzt, auf einer Skala von 0 bis 10 fest. Dabei steht 0 für „gar nicht wichtig" und 10 für „äußerst wichtig". Notieren Sie Ihre Zahl.
- Im nächsten Schritt bestimmen Sie auf einer Skala von 0 bis 10, für wie realistisch Sie es halten, dass Sie dieses Ziel erreichen.
  0 bedeutet, dass Sie absolut keine Chance sehen, es zu schaffen. 10 heißt, dass Sie sich völlig sicher sind, das bestens hinzukriegen. Notieren Sie auch diese Zahl.
- Multiplizieren Sie nun Ihre beiden Zahlen miteinander.
- Der höchste Zahlenwert, den man dabei erreichen kann, ist 100 (10 mal 10). Er steht für die stärkste Motivation. Je näher Ihr Zahlenwert an 100 liegt, desto stärker sind Sie motiviert, an Ihr Ziel zu kommen. Je weiter er davon entfernt ist, desto schwächer ist Ihre Motivation. In dem Fall besteht sogar die Gefahr, dass Sie sich nicht besonders für das Vorhaben engagieren werden.

Warum ist es eigentlich so wichtig, der eigenen Motivation auf die Schliche zu kommen und ihre Stärke zu testen? Wenn wir unsere wahren Motive kennen, können wir Ziele, die uns glücklich machen, direkt ansteuern und die uns innewohnende Energie nutzen, um sie zu erreichen.

N wie Neid – Das will ich auch!

In einem Vortrag fragte ich das Publikum geradeheraus: „Wer von Ihnen ist neidisch? Ich bitte um Handzeichen." Zögernd gingen ein paar Finger hoch. Dann erkundigte ich mich: „Und wer von Ihnen kennt jemanden, der neidisch ist?" Sofort meldete sich fast der ganze Saal. Da macht man sich schon seine Gedanken, wie es denn so mit der Selbsterkenntnis steht. Dabei zählt Neid zu den universalen Gefühlen, genau wie Liebe, Trauer oder Wut. Jeder von uns trägt ihn latent in sich. Neidisch kann alles Mögliche machen: Schönheit, Bildung, Kinder, Herkunft, Charme, Klugheit, Geld, Reisen, Lob, Zuwendung, Glück, Talente, Begabungen, Fähigkeiten, sämtliche materiellen Dinge – was immer wir gerne hätten. Interessant ist jedoch, dass wir keineswegs auf jeden neidisch sind, der das von uns Gewünschte besitzt. Ein entscheidendes Kriterium ist die Vergleichbarkeit. Wir schauen meist nur auf Menschen, die in einem ähnlichen Umfeld leben oder im gleichen Bereich aktiv sind wie wir selbst. Ein graues Mäuschen ist eher neidisch auf seine hübsche Freundin als auf ein Topmodel. Ein Bootsbesitzer ist neidisch auf das schönere Schiff, das neben seinem vor Anker liegt, aber kaum auf die Luxusjacht eines Oligarchen. Dieses Phänomen hat seine Ursachen in der Funktion des Neides. Er ist nämlich nicht nur eine seelische Plage, sondern ein nützliches soziales Phänomen. Er hilft uns zunächst, uns innerhalb unserer Umgebung einzuordnen. Durch Vergleiche entwickeln wir unsere Identität. Der Blick auf andere gibt uns Antwort auf die Fragen: „Wer bin ich?" und „Wo stehe ich?"

Dabei macht uns der Neid darauf aufmerksam, dass wir auf einem Gebiet, das uns wichtig ist und in dem wir uns Erfüllung wünschen, schlechter abschneiden als eine Person in unserer Nähe. Genau hier entscheidet sich dann, ob der Neid schädlich oder konstruktiv ist. Je nachdem erhält man unterschiedliche Ergebnisse: Bei destruktivem Neid herrscht ein bitteres Gefühl von Ungerechtigkeit und die Unfähigkeit zu gönnen vor. Das kann zu Intrigen, Mobbing, übler Nachrede und gesundheitlichen Störungen führen. Konstruktiver Neid dagegen bestärkt den Entschluss, sich das Gewünschte ebenfalls – natürlich auf ehrliche Weise – zu verschaffen. Er macht aktiv und ist meist mit einer guten Portion Ehrgeiz verknüpft. Das graue Mäuschen bemüht sich, die eigene Attraktivität zu entwickeln; der Bootsbesitzer spart eisern auf ein schöneres Modell. Als Anregung ist konstruktiver Neid also zunächst durchaus sinnvoll. Man entwickelt einen heimlichen Wettbewerb, von dem der andere nichts ahnt. Ein regelmäßiger Seitenblick auf die Person, die wir beneiden, zeigt uns: Wie viel habe ich schon erreicht? Wo sollte ich noch nachlegen? Das motiviert und spornt dazu an, sich selbst immer weiter zu entwickeln. Doch es ist auch nicht ungefährlich. Es könnte nämlich sein, dass wir auf der falschen Hochzeit tanzen und uns um etwas bemühen, das gar nicht wirklich zu uns passt. Nur der Einfluss unserer Umgebung hat uns dazu verführt, es für begehrenswert zu halten. Außerdem verlieren wir uns selbst aus den Augen, sobald wir zu intensiv auf eine andere Person schauen. Wir übersehen dann leicht, dass der Mensch, den wir beneiden, eine ganz andere Kombination von Eigenschaften und Fähigkeiten hat als wir, und damit letztlich auch ein anderes Schicksal und eine andere Aufgabe im Leben. Ein Vergleich hindert uns daran, uns auf unsere eigenen Möglichkeiten zu besinnen und unseren individuellen Weg zu finden. Ob das der Fall ist, kann diese Frage klären: Angenommen, wir würden bekommen, was wir dem anderen neiden – aber nur, wenn wir bereit sind, dafür auch alles Übrige von ihm zu übernehmen, etwa seine unglückliche Beziehung oder seine schlechte Gesundheit. Wären wir damit einverstanden? Ich habe noch niemanden getroffen, der diesem Handel zugestimmt hätte. Ist man außerdem bereit, sich genauso zu engagieren wie die beneidete Person? Das gab der antike Philosoph Epiktet einem Schüler zu bedenken, der neidisch auf die Gäste eines Gastmahls war, zu dem er nicht eingeladen war. Er habe doch keinen Grund, sich zu beklagen, so der Philosoph. Schließlich habe er es abgelehnt, dem eitlen Gastgeber zu schmeicheln, also dürfe er auch nicht erwarten, an der Party teilzunehmen. Diese sachliche Sichtweise ist empfehlenswert. Fragen wir uns: Sind wir wirklich bereit, alles zu tun, was nötig ist, um das beneidete Gut zu erreichen? Falls wir das nicht in vollem Umfang leisten wollen, sollten wir auch aufhören, neidisch zu sein, denn das verursacht nur sinnlose Schmerzen.

Neid ist also teilweise nützlich, insgesamt aber doch eine gefährliche Angelegenheit. Eine bessere Methode, mit begehrenswerten Dingen oder Eigenschaften umzugehen, stammt aus der Huna-Lehre der alten Hawaiianer: Statt neidisch zu reagieren soll man segnen, was man selbst gerne hätte. Segen kann man auf verschiedene Weise spenden. Vielleicht denkt man im Stillen: „Ich segne dich für …" Oder man spricht Segen als Lob oder Kompliment aus: „Ich bewundere deinen guten Geschmack." „Ich liebe deine freundliche Art." „Was für ein wunderschöner Garten." Etwas zu segnen, bedeutet, Aufmerksamkeit und Energie in positiver Weise auf das zu richten, was man sich selbst wünscht. Im Gegensatz zum Neid zeigen wir damit, dass wir großzügig sind. Segnen bringt uns auf Augenhöhe. In seiner Wirkung auf Körper, Geist und Seele ist es dem konstruktiven Neid überlegen. Damit begeben wir uns auf ein geistiges Level, auf dem wir selbst die größten Chancen haben, Gleiches anzuziehen. Wie wäre es deshalb mit einem Experiment? Segnen Sie drei Tage lang alles, was Sie selbst gerne hätten und worum Sie andere beneiden. Und dann schauen Sie, was passiert. Eines kann ich Ihnen schon jetzt garantieren: Ihr Wohlbefinden wird sich erhöhen. Und vielleicht gibt es ja auch noch eine Überraschung, nämlich dass Sie erhalten, worum Sie bisher vergeblich gekämpft haben, weil Sie eine positivere Ausstrahlung bekommen. In jedem Fall lohnt sich der Tausch „Segen statt Neid", denn auf diese Weise wird das Gefühl von Mangel durch das von Fülle ersetzt.

O wie Optimismus – Schwarzseher trinken aus halb leeren Gläsern

Kleines Experiment: Füllen Sie ein Trinkglas halb mit Wasser. Entspannen Sie sich. Schauen Sie nun auf das Glas. Empfinden Sie es als halb voll oder eher als halb leer? Horchen Sie in sich hinein und lassen Sie die Antwort aufsteigen.

Ihre Beurteilung ändert zwar nichts an der Flüssigkeitsmenge, hat aber trotzdem eine Bedeutung. Sowohl in der Psychologie als auch in der Medizin konnte man nachweisen, dass eine positive Einstellung entscheidend für Erfolg und Gesundheit ist: Im Lösen von Aufgaben sind Optimisten kreativer – kein Wunder, schließlich glauben sie daran, dass ein passendes Ergebnis möglich ist. Im Umgang mit anderen sind sie erfolgreicher, denn jeder ist lieber mit einem heiteren Menschen zusammen als mit einem Miesepeter. Und es kommt noch besser: Optimisten leben sogar länger. Das belegt unter anderem eine Langzeitstudie in einem Nonnenkloster. Die Ordensschwestern waren eine besonders geeignete Versuchsgruppe, weil sie den gleichen Lebensstil pflegten. Als junge Novizinnen mussten sie einen persönlichen Lebenslauf schreiben und begründen, warum sie den Schleier nehmen wollten. Dem Text ließ sich entnehmen, ob sie eine Frohnatur waren oder das Leben eher in düsteren Farben sahen. Im Alter von 85 Jahren lebten aus der heiteren Gruppe noch 90 Prozent, aus der pessimistischen nur noch 34 Prozent.

Also insgesamt beste Argumente für den Optimismus. Das Dumme ist nur: Wir sind geborene Pessimisten. Offenbar erleben wir negative Ereignisse generell stärker als positive. Das belegt jedenfalls die Neuropsychologie. Zeigt man Versuchspersonen fröhliche und deprimierende Bilder, dann reagieren sie auf die deprimierenden wesentlich intensiver, wie sich am heftigen Ausschlag der Hirnströme ablesen lässt. Die Ursachen dafür liegen in unseren Genen: Negative Gefühle wie Angst, Trauer oder Wut aktivierten unsere Vorfahren, unmittelbar auf Gefahr zu reagieren. Menschen sind also aus gutem Grund Pessimisten. Dazu ein kleines Gedankenspiel: Stellen Sie sich vor, Sie sind während der Schöpfung Gottes rechte Hand und erschaffen gerade ein Kaninchen. Würden Sie es auf günstige Gelegenheiten genauso stark reagieren lassen wie auf Bedrohungen? Wohl kaum. Wenn es mal übersieht, wo es die leckersten Möhren gibt, passiert schließlich nicht viel. Es wird auch anderswo noch etwas zu fressen finden und nicht gleich verhungern. Aber einen nahenden Beutejäger zu ignorieren, das könnte katastrophale Folgen haben. Ebenso lautet das Prinzip des schöpferischen Designs auch für uns: Schlecht wirkt stärker als Gut. Reaktionen auf Bedrohungen und Unannehmlichkeiten sind intensiver als Reaktionen auf günstige Gelegenheiten.

Doch damit müssen wir uns nicht abfinden, zumal es für uns heute weniger reale Bedrohungen gibt als für unsere urzeitlichen Vorfahren. Wir werden eher durch eine ständige negative Nachrichtenflut der Medien niedergedrückt. Wenn in China eine baufällige Brücke zusammenstürzt und Menschen dabei zu Schaden kommen, deprimiert uns das, ohne uns tatsächlich zu betreffen. Fazit: Wir müssen uns bewusst bemühen, optimistisch zu sein.

Allerdings haben wir nicht alle die gleichen Voraussetzungen dazu. Manche Menschen besitzen ein heiteres Naturell, andere neigen von Hause aus eher zur Nachdenklichkeit. Auch die Erfahrung, besonders in frühen Jahren, spielt eine Rolle. Doch selbst wenn sich die einen mehr als die anderen anstrengen müssen, für alle gilt: Optimismus lässt sich trainieren. Als Erwachsene ist es uns durchaus möglich, einen neuen Umgang mit unseren Gefühlen zu lernen. Selbst notorische Schwarzseher können mehr Optimismus entwickeln. Entscheidend dafür ist nämlich, wie wir deuten, was uns widerfährt – sei es nun gut oder schlecht. Vergleichen wir dazu einmal ein typisches Verhalten von Pessimisten und Optimisten:

Pessimisten glauben, dass die Ursache eines negativen Ereignisses dauerhaft ist und ihr Leben auch weiterhin negativ beeinflussen wird. Angenommen, der Pessimist macht eine Diät. Auf einer Geburtstagsfeier wird er schwach und schlägt am Buffet zu. Anschließend denkt er deprimiert: „Ich wusste es, ich habe einfach zu wenig Willenskraft. Das werde ich nie schaffen." Der Optimist dagegen glaubt, dass die Ursache eines negativen Ereignisses nur vorübergehend ist und für die Zukunft keine Folgen hat. „Heute hat die Diät halt nicht funktioniert. Macht nichts, ab sofort esse ich wieder diszipliniert." Pessimisten neigen auch dazu, ein unangenehmes Erlebnis zu verallgemeinern und in sich selbst die Ursache zu sehen. Wird ein Pessimist bei einem Date versetzt, denkt er geknickt: „Das war ja klar, alle Männer (Frauen) sind unzuverlässig." oder „Kein Wunder, ich bin wohl nicht attraktiv genug." Ein Optimist geht mit der Situation anders um. Er generalisiert nicht, sondern sieht das Ereignis als Einzelfall: „Dieser Mann (diese Frau) hat mich zwar versetzt, aber es gibt auch zuverlässige Menschen." „Dieser Mensch findet mich offenbar nicht anziehend, aber für andere bin ich es durchaus."

Bei der Deutung positiver Ereignisse ist es dann umgekehrt: Pessimisten beziehen gute Ereignisse nicht auf sich, sondern schreiben sie Ursachen zu, auf die sie keinen Einfluss haben. Etwa in so einem Fall: Der Chef eines Pessimisten bewilligt ihm eine teure Fortbildung. Dieser denkt: „Wahrscheinlich hatte mein Boss gerade zufällig gute Laune." Optimisten hingegen erklären sich gute Ereignisse mit einer dauerhaften Ursache, etwa ihren guten Charaktereigenschaften oder Fähigkeiten: „Ich habe sein Einverständnis für die Fortbildung bekommen, weil ich immer so engagiert bin."

Wohlgemerkt dient dieser Optimismus nicht dem Zweck, sich etwas schönzureden, von echten Problemen abzulenken oder naiv zu glauben, dass sich schon alles irgendwie fügen wird. Es geht vielmehr darum, eine Sichtweise einzunehmen, die Energie gibt und handlungsfähiger macht. In diesem Sinne sind die Optimisten den Pessimisten eindeutig überlegen. Sie schätzen die Flüssigkeit im Glas realistisch ein und entscheiden sich dann dafür, es als halb voll zu betrachten.

Optimisten sind im Lösen von Aufgaben kreativer und im Umgang mit anderen erfolgreicher.

P wie Preis – Es gibt nichts umsonst

Reden wir doch mal über Preise. Allerdings soll es hier nicht um Finanzielles gehen, sondern um den Einsatz für ein bestimmtes Ziel oder die Erfüllung eines Wunsches. Auch in diesem Bereich gibt es unterschiedliche Zahlungsweisen.

Zunächst einmal der Festpreis. Von manchen Zielen ist allgemein bekannt, wie viel dafür verlangt wird, und die Forderung gilt für alle. Wer etwa einen Doktortitel erlangen möchte, muss selbstständig eine Dissertation schreiben (Sie erinnern sich vielleicht noch an einen Fall, als jemand meinte, er müsse diesen Festpreis nicht zahlen?).

Darüber hinaus gibt es den individuellen Preis. Er hängt speziell von der Person und den mit ihr verbundenen Umständen ab. Angenommen, zwei Kollegen wollen sich mit einer Präsentation profilieren. Dem einen fällt es leicht, vor einem größeren Publikum zu sprechen, der andere leidet heftig unter Lampenfieber. Dann ist der Preis für den Auftritt für beide unterschiedlich hoch, einer zahlt weniger als der andere.

Doch es gibt noch eine dritte Art, nämlich den verborgenen Preis: Wir glauben zu wissen, was wir einsetzen müssen, und sind dazu bereit – trotzdem bekommen wir nicht, was wir uns wünschen. Der Grund: Wir blenden unbewusst aus, was noch zu zahlen ist, weil es uns nicht passt. Wie Svenja, die als freie Medizin-Journalistin arbeitet. Auf ihrem Gebiet ist sie eine Expertin und vermittelt Fakten informativ und verständlich. Trotzdem erlebte sie bisher immer wieder, dass Kolleginnen, die ihr fachlich nicht das Wasser reichen können, erfolgreicher waren als sie. Svenja konnte sich das nicht erklären. Sie war der Meinung, dass sie mit guten Beiträgen bereits den vollen Preis zahle. Dass es da noch einen weiteren gab, erfuhr sie erst durch eine Freundin. Als sich Svenja wieder einmal über die Ungerechtigkeit in der Medienbranche beklagte, sagte die genervt: „Die besten Aufträge kommen nun mal über persönliche Beziehungen. Du hockst doch den ganzen Tag vor deinem PC und gehst nicht unter die Leute." Zuerst war Svenja beleidigt, doch dann sah sie ein, dass die Freundin recht hatte. Sie erkannte, dass sie über ihren Schatten springen musste, um Kontakte zu knüpfen. Was sie dann auch mit Erfolg tat. Wenn wir unser angestrebtes Ziel nicht erreichen, obwohl wir vermeintlich alles dafür tun, steckt manchmal ein verborgener Preis dahinter. Deshalb ist es sinnvoll, sich von kompetenten Menschen Feedback zu holen. Und dann auf eine mögliche Kritik nicht gekränkt zu reagieren, sondern die Hinweise dankbar anzunehmen.

Ob Festpreis, individueller Preis oder verborgener Preis – was wir für unser jeweiliges Ziel zahlen müssen, lässt sich durch Informationen herausfinden. Damit haben wir schon mal die Grundlage. Jetzt steht die Entscheidung an: Bin ich bereit, diesen Preis zu zahlen?

Mal ehrlich, wer von uns zahlt schon gerne? Schnäppchenjagd ist Kult. Es gehört zu den typisch menschlichen Eigenschaften, etwas erreichen zu wollen, ohne sich groß dafür anzustrengen. Das beweisen schon die vielen Lotto-Spieler, die jede Woche mit ein paar Euro Einsatz Millionen gewinnen möchten. Obwohl uns der Verstand sagen lässt: „Klar, man muss investieren", sind das meist nur Lippenbekenntnisse. Doch um es hier ganz deutlich auszusprechen: Auf dieser Welt gibt es nichts umsonst, auch wenn das gelegentlich so scheint. Dann sehen wir meist nur den ererbten Reichtum, die noble oder prominente Familie, die angeborene Schönheit – aber nicht die Einsamkeit, die Drogensucht, die innere Leere. Manchmal zahlt man auch erst im Nachhinein, etwa wenn man eine berufliche Chance erhält und dann lernen muss, die Position auch auszufüllen. Aber meist müssen wir bereit sein, den Preis vorab zu entrichten, um das Ergebnis zu erhalten. Einer meiner Kollegen formulierte es so: „Das Universum will erst sehen, wie ernst es dir mit deinem Wunsch ist, bevor es ihn erfüllt." Stellen wir uns doch einmal so ein kosmisches Personalbüro vor. Wenn Sie dort säßen, wen würden Sie lieber einstellen: jemanden, der verkündet: „Damit das gleich klar ist, ich mache keine Überstunden", oder einen, der sagt: „Ich bin auch bereit, eine Weile ohne Honorar zu arbeiten, damit Sie sehen, wie gut ich geeignet bin"? Bestimmt entscheiden Sie sich für den zweiten Kandidaten. Das ist offenbar auch das kosmische Prinzip.

Nur, warum gibt es überhaupt ein Preissystem? Schließlich wäre es doch viel entspannter, wenn wir nicht so viel Aufwand treiben müssten, um zu bekommen, was wir wollen. Auf die Spur führt der Spruch „Was nichts kostet, ist nichts." Wir schätzen besonders, wofür wir uns anstrengen müssen. Ein Traumauto, auf das wir lange gespart haben, bedeutet uns mehr als eines, dass uns eine Erbtante in die Garage stellt. Ähnlich verhält es sich bei anderen Zielen. Unsere Motivation ist größer, wenn das Ziel noch vor uns liegt. Wie für die Pilger auf dem Jakobsweg, die nach Santiago de Compostela möchten. Bestimmt hätten sie keine Lust mehr, sich beim Wandern Blasen an den Füßen zu holen, wenn sie vorab schon per Flugzeug die Kathedrale besichtigt hätten. Warum sollen wir uns für etwas anstrengen, was wir bereits genossen haben? Von daher erscheint die Reihenfolge „Erst zahlen, dann folgt die Gegenleistung“ durchaus sinnvoll. Doch das Allerbeste kommt noch: Jeder Preis enthält eine Belohnung. Sie besteht darin, dass unsere persönliche Entwicklung einsetzt, wenn wir den Preis akzeptieren und entsprechend handeln. Auf dem Weg spüren wir unsere Stärke. Wir erfahren, dass wir durchhalten können, wir erwerben neue Fähigkeiten. Unser Selbstbewusstsein steigt. Wir werden reifer. Wir entfalten unsere Persönlichkeit. Das ist der eigentliche Grund, warum wir überhaupt zahlen müssen: Auf diese Weise wachsen wir. Schön, wenn wir dann auch tatsächlich unser Ziel erreichen, doch eigentlich geht es um diesen Gewinn. Er bleibt uns selbst dann erhalten, wenn sich unser Wunsch aus von uns unabhängigen Gründen nicht erfüllt. Deshalb: Überlegen Sie, was Ihr wichtigstes Ziel ist. Finden Sie den festen, individuellen und verborgenen Preis dafür heraus und zahlen Sie mit Freuden.

Q wie Qualität – Teigling gegen echtes Brötchen

Die Seidentücher einer französischen Luxusmarke sind ziemlich teuer. Wahrscheinlich zahlt man dabei vor allem für das Prestige. Dachte ich jedenfalls. Bis ich eines Besseren belehrt wurde. In einem Museum zeigten Handwerker des Labels, wie unglaublich aufwendig ein solches Tuch hergestellt wird, es gibt zahlreiche Arbeitsgänge von den künstlerischen Entwürfen bis zur sorgfältigen Übertragung auf den Stoff. Ob man sich so ein Halstuch leisten kann oder will, steht auf einem anderen Blatt, aber die Qualität beeindruckte mich.

Qualität – das Wort benutzen wir ganz selbstverständlich, und offenbar weiß jeder, was damit gemeint ist: Ein besonders gutes Produkt oder eine hervorragende Dienstleistung. So einfach machen es sich Experten, die Qualitätsmessungen durchführen, allerdings nicht. Sie definieren Qualität präziser als Gesamtheit der Eigenschaften einer Sache oder Verhaltensweisen, die benötigt werden, um den erwarteten Kriterien oder bestehenden Anforderungen gerecht zu werden. Dabei gibt es sowohl objektive Kriterien als auch nicht messbare Eigenschaften. Das moderne Qualitätsverständnis ist um subjektive Aspekte erweitert worden, die von den Nutzern selbst bestimmt werden. Nach dem Motto: Gut ist, was der Konsument als gut beurteilt. Einig sind sich aber alle darin, dass Qualität einen Wert darstellt. Gerne zitiert man in diesem Zusammenhang einen gewissen William Foster, vermutlich ein amerikanischer Wirtschaftswissenschaftler des vorigen Jahrhunderts: „Qualität ist niemals Zufall; sie ist immer das Ergebnis hoher Ziele, aufrichtiger Bemühung, intelligenter Vorgehensweise und geschickter Ausführung.“ Da ist tatsächlich alles drin.

Als Erstes gilt: Qualität muss man schaffen wollen. Schließlich könnten wir es uns auch einfach machen. Als Lehrer den Unterricht improvisieren, statt ihn gründlich vorzubereiten. Als Journalistin sich nur oberflächlich bei Google informieren, statt genau zu recherchieren. Als Bäcker Fabrik-Teiglinge in den Ofen schieben, statt die Brötchen selbst zu backen. Oder als Architektin einen lieblosen Kasten entwerfen, statt sich in die zukünftigen Bewohner einzufühlen. Qualität zu wollen, hat viel mit dem Wunsch nach Perfektion zu tun. Und das nicht etwa, weil uns andere dazu verpflichten, sondern weil wir unseren eigenen Ansprüchen genügen möchten. Uns ist daran gelegen, etwas zu schaffen oder zu bewirken, auf das wir stolz sein können.

Doch sich ein hohes Ziel zu setzen und sich viel Mühe zu geben, reicht allein nicht aus. Es muss auch Können hinzukommen. Sonst ergeht es uns wie dem Künstler, den der Schriftsteller Eugen Roth in seinem Gedichtband „Ein Mensch" so humorvoll beschreibt:

> Ein Mensch malt, vor Begeisterung wild,
> drei Jahre lang an einem Bild.
> Dann legt er stolz den Pinsel hin
> Und sagt: „Da steckt viel Arbeit drin."
> Doch damit war's auch leider aus:
> Die Arbeit kam nicht mehr heraus.

Qualität schüttelt man nicht mal eben aus dem Ärmel, auch nicht, wenn man Talent hat. Etwas Hochwertiges herzustellen, setzt Wissen und Erfahrung voraus. Das gilt nicht nur konkret fürs Handwerk, etwa wenn man als Tischler ein Regal herstellt. Man braucht ebenso Qualität für einen

Vortrag, der das Publikum informiert und unterhält, oder um in der Medizin bei schwierigen Fällen eine zutreffende Diagnose zu stellen. Deshalb kann man qualitätsbewussten Anfängern nur dazu raten, in ihrem Bereich konsequent zu üben. Es müssen nicht unbedingt die zehn Jahre sein, die es laut dem Nobelpreisträger Alexander Simon bis zur Exzellenz braucht, doch Geduld und Disziplin sind unbedingt notwendig.

Wir erzeugen nicht nur Qualität, sondern urteilen auch als Kunden, Nutzer, Gäste oder AuftraggeberInnen über den Wert eines Angebotes. Da stellt sich zunächst die Frage: Wollen wir überhaupt in jedem Fall Qualität? Der Werbeslogan einer Elektrohandelskette „Geiz ist geil" deutet eher auf andere Kriterien. Der Preis ist wichtiger. Möglich ist auch, dass es schnell gehen soll. Keine sorgfältig zubereitete Mahlzeit, lieber Fast Food. Oder man entscheidet nach modischen Kriterien: Ein pinkfarbener Pulli mit Glitzermotiv, den man nur eine Saison trägt, muss nicht aus Kaschmir und Swarowski-Kristallen bestehen. Anders ist es bei Dingen, von denen wir uns Langlebigkeit wünschen, wie etwa Werkzeugen, Autos, Möbeln, besonderer Kleidung. Wenn die nicht halten, was wir uns von ihnen versprechen, sind wir enttäuscht. Im Internet finden sich jede Menge empörter Kommentare zu mangelhaften Produkten und Dienstleistungen.

Ob als Erzeuger oder Empfänger, sich mit der eigenen Einstellung zur Qualität zu befassen, lohnt sich:

- Wo will ich Qualität abliefern, weil es von Bedeutung ist? Und wo kann ich auch mal Fünfe gerade sein lassen?

Auf diese Weise setzen wir Prioritäten und vermeiden Überlastung. So ist es möglicherweise für berufliches Vorankommen wichtig, ein perfektes Protokoll zu formulieren, doch man muss nicht jede E-Mail für den Literaturpreis einreichen.

- Wo sollte ich beim Konsum bereit sein, mehr anzulegen, um das Beste zu erhalten? In den Bereichen, die uns wirklich wichtig sind, macht nur Qualität glücklich und zufrieden. Sei es ein Konzert für Musikliebhaber, ein Hotel für Reiselustige oder ein Mixer für den Hobbykoch.

Last but not least sollte sich jeder die Frage stellen: Wie steht es eigentlich mit meiner Lebensqualität?

Qualität schüttelt man nicht aus dem Ärmel. Hochwertiges herzustellen setzt Wissen und Erfahrung voraus.

R wie Risiko – Raus aus der Komfortzone!

Als Expertin für Psycho-Tests habe ich schon einen umfangreichen Test zum Thema „Wie risikofreudig sind Sie?" entwickelt. Das lässt sich auch in Kurzform herausfinden. Kreuzen Sie bitte an, welches Sprichwort für Sie am ehesten zutrifft:

- ○ Wer sich in Gefahr begibt, der kommt darin um.
- ○ Gefahr erkannt – Gefahr gebannt.
- ○ No risk, no fun.

Und hier ist die Auflösung:

- Wenn Sie die erste Antwort gewählt haben, sind Sie vermutlich ein sehr vorsichtiger Mensch und begeben sich ungern in unbekannte Situationen. Zwar schauen Sie manchmal ein bisschen neidisch auf diejenigen, die sich etwas trauen, doch wenn sie scheitern, sagen Sie: „Das habe ich kommen sehen."

- Sie haben die zweite Antwort angekreuzt? Dann scheuen Sie sich gewiss nicht, Herausforderungen anzunehmen, aber Sie behalten dabei gerne die Kontrolle und bereiten sich gründlich auf eine unbekannte Situation vor. Die Kehrseite der Medaille: Sie geraten ins Schleudern, falls es doch einmal ganz anders kommt als erwartet.

- Ihre bevorzugte Alternative war die dritte? Das lässt darauf schließen, dass Sie recht spontan sind. Sobald Sie eine unbekannte Situation reizt, werfen Sie sich voll hinein, meist ohne Netz. Das hat etwas vom Roulette: Sie können gewinnen, aber auch auf die Nase fallen.

Vielleicht hat dieser kleine Test Ihnen bewusst gemacht, wie es in puncto Risiko um Sie steht. Man übersetzt das Wort, das vermutlich aus dem Italienischen kommt, mit „Wagnis“. Das kann sich auf eine Gefahr für Leib und Leben beziehen: Wenn man beschließt, in ein vom Auswärtigen Amt als gefährlich eingestuftes Land zu reisen, wenn man aus purer Neugier eine Designerdroge ausprobiert oder mit überhöhter Geschwindigkeit über die Autobahn rast. Von dieser Art Risiko, die vor allem Leichtsinn bedeutet, soll hier aber nicht die Rede sein. Vielmehr geht es um die Überschreitung von persönlichen Grenzen im täglichen Leben. Jeder von uns bewegt sich beruflich und privat in einem festen Rahmen, der sich im Laufe der Zeit entwickelt hat. Innerhalb solcher Grenzen haben wir uns bequem eingerichtet. Man bezeichnet sie deshalb auch als Komfortzone. Die kann etwa so aussehen: Sie hören fast nur klassische Musik. Sie fahren nie allein in Urlaub. Sie haben ein Lieblingsrestaurant.

Daran ist im Prinzip nichts auszusetzen, vor allem, wenn man damit zufrieden ist. Doch auf die Dauer wird das Leben durch zu viel Gewohnheit langweilig. Deshalb empfiehlt es sich, die persönlichen Grenzen einmal infrage zu stellen. Sind Sie wirklich so glücklich in Ihrem abgesteckten Revier – oder scheuen Sie nur das Risiko? Auch wenn keine Lebensgefahr besteht, bedeutet es ein Wagnis, die Komfortzone zu verlassen. Schließlich weiß man nicht, was dabei herauskommt, es kann positiv oder negativ ausgehen. Angenommen, Sie besuchen ein Popkonzert, statt Ihre bevorzugte Klassik zu hören. Mögliches Ergebnis: Sie finden die Erfahrung ausgesprochen interessant und kaufen sich sogar eine CD mit Songs der Band – oder Ihnen wird von dem Lärm regelrecht schlecht und Sie schwören sich: Nie wieder! Diesmal fliegen Sie allein in den Urlaub. Sie lernen viele nette Leute kennen und fühlen sich so frei wie schon lange nicht mehr – oder Sie sterben den Einsamkeitstod zwischen Paaren und Familien. Anstelle Ihres bevorzugten Restaurants testen Sie ein anderes. Tatsächlich, das Essen ist super, die Bedienung äußerst freundlich, da gehen Sie gerne wieder hin – oder Sie ärgern sich mächtig über den unaufmerksamen Service und die mittelmäßigen Speisen.

Das Risiko, dem wir uns aussetzen, wenn wir unsere Komfortzone verlassen, ist objektiv gesehen selten gravierend. Trotzdem reicht es aus, um meist lieber alles so zu lassen, wie es ist. Wir haben schlicht Angst davor, selbst gezogene Grenzen zu überwinden. Diese Angst zeigt sich nicht mit Zähneklappern, sondern als kleines unangenehmes Gefühl. Ein Unbehagen beschleicht uns, sobald wir etwas Neues, Ungewohntes in Angriff nehmen sollen. Oft führt es dazu, dass wir das Projekt doch lieber fallen lassen und uns für unsere Risikoscheu eine gute Entschuldigung ausdenken: Sie trauen sich nicht alleine auf ein Fest? Dort treffen Sie ja doch keine interessanten Leute. Sie fürchten sich vor Zurückweisung, wenn Sie Ihren neuen Nachbarn zum Kaffee einladen? Das hat ja auch noch Zeit, er muss sich ja erst einmal einleben.

Ein Spruch besagt: Wo die Angst ist, da geht es lang. Wann immer Sie diese als Unbehagen oder Hemmung getarnte Angst spüren, sollte es ein Signal für Sie sein, das Risiko einzugehen und einen Schritt über Ihre Komfortzone hinaus zu wagen. Und zwar obwohl es keine Garantie dafür gibt, dass Ihr Mut mit Erfolg belohnt wird. Das gehört nun mal zum Risiko, man kann dabei scheitern oder gewinnen. Doch egal, was sich am Ende ergibt, es einzugehen lohnt sich in jedem Fall, weil das Leben dadurch aufregender wird. Das ist sogar körperlich spürbar, indem bei einer Herausforderung der Adrenalinspiegel steigt. Zugegeben, es ist nicht immer leicht, sich selbst zu motivieren, ein Risiko einzugehen. Der beste Rat dazu stammt von meiner New Yorker Kollegin Susan Jeffers, die in ihren Seminaren schon vielen Menschen geholfen hat, über ihren Schatten zu springen: „Feal the fear and do it anyway" – Spüre deine Angst und tu es trotzdem. Denn ein kleines Risiko kann das Leben um so vieles lebendiger machen.

S wie Schritte – Überfliegen gilt nicht

Ich erhielt eine Einladung zu einer Vernissage. Sie stammte nicht wie üblich von einer Galerie, sondern von der Künstlerin selbst. Da sie es sich finanziell leisten konnte, hatte sie eine edle Location gemietet, um ihre Bilder gleich im passenden Ambiente zu präsentieren. Ihre Einstellung war: „Ich habe es zum Glück nicht nötig, die Ochsentour durch unbedeutende Galerien zu machen." Leider ging ihr Konzept nicht auf. Die Besucher tranken den teuren Champagner, unterhielten sich angeregt miteinander und ließen die Bilder links liegen. Von Kunstexperten wurden sie ohnehin ignoriert.

Mal ehrlich, wohl die meisten von uns würden bei ihren Tätigkeiten am liebsten einige Schritte überspringen und gleich oben ansetzen. Es erscheint ziemlich mühsam, klein anzufangen und Kenntnisse gründlich zu erwerben. Vor allem: Muss das denn überhaupt noch sein? Möglicherweise ist die Forderung, erst einmal eine solide fachliche Grundlage zu schaffen, bevor man die nächste Stufe erklimmt, nur ein Überbleibsel aus der Denkweise früherer Generationen. Schließlich haben sich die Zeiten inzwischen geändert. Heute gründen Studenten Start-ups und sind Millionäre, während sich gestandene Dozenten durch Taxifahren ein Zubrot verdienen. Auch mit Blick auf die Prominenz ist fraglich, ob es sich lohnt, Schritt für Schritt zu gehen. Es sieht nicht so aus, als müsse man sich Bekanntheit unbedingt mit Fleiß und Können erarbeiten.

Trotzdem, lassen wir uns nicht täuschen. Kometenhafte Aufstiege aus dem Nichts sind seltener, als man glaubt. Sicher, manchmal haben Menschen einen Riesenerfolg, ohne dass ihre Fähigkeiten das rechtfertigen: Eine Sängerin mit schwacher Stimme verkauft ihre CD millionenfach, bloß weil sie mit verrückten Outfits einen hohen Bekanntheitsgrad erreicht hat. Das Buch eines mittelmäßigen Autors wird ein Bestseller, weil es einen attraktiven Titel trägt. Ein Politiker wird fürs Kanzleramt gehandelt, weil er gut aussieht und eloquent ist.

Im ersten Moment kann es schon Neid erregen, wenn Ergebnisse ohne große Anstrengung oder echte Leistung erzielt werden. Aber hier kommt Trost: Fast immer bleiben solche Shootingstars Eintagsfliegen. Eine Weile halten sie sich oben, doch dann können sie an ihren Erstlingserfolg nicht anknüpfen und verschwinden schnell wieder von der Bildfläche. Ein Grund dafür ist, dass sie nicht wirklich gut sind. Ihr Erfolg ist ein Zufallsprodukt und hat keine solide Basis. Allerdings sollten wir genau hinschauen, um zu unterscheiden: In manchen Fällen hat das, was von außen wie ein glücklicher Zufall erscheint, eine Vorgeschichte. Lange bevor der Erfolg endlich deutlich sichtbar wird, wurde er Schritt für Schritt aufgebaut. Wie es diese Anekdote so schön illustriert: Ein bislang unbekannter Schauspieler wird mit einem einzigen Film plötzlich berühmt. Die Reporter fragen ihn: „Wie kommen Sie eigentlich damit klar, so über Nacht zum Star geworden zu sein?

„Das ist ganz einfach“, antwortet er lächelnd, „ich habe mich jahrelang auf diese Nacht vorbereitet.“

Mit Blick auf den Gipfel keinen Schritt auszulassen bringt einen großen Vorteil: Es gibt Sicherheit. Wer seinen Job von der Pike auf gelernt hat, weiß genau, was er tut und sagt. Das trifft auf alle Bereiche zu, und gilt für den Steuerberater genauso wie für die Tierärztin, für die Sachbearbeiterin wie für den Pädagogen. Ohne Fundament kann man vielleicht andere blenden, weiß aber selbst sehr wohl, dass einem die Grundlagen fehlen. So fürchtet man ständig, jemand könnte genauer nachfragen und man müsste die Antwort schuldig bleiben. Darüber hinaus scheut man auch Konkurrenz, die besser ausgebildet ist als man selbst. Das führt nicht gerade zu entspanntem Verhalten. Haben wir uns dagegen unsere Kenntnisse Schritt für Schritt erarbeitet, sieht es anders aus. Wir haben keine Angst vor Fragen. Natürlich wissen wir auch dann nicht alles und sind keineswegs unfehlbar, aber wir gehen selbstbewusster und unbefangener mit einem gelegentlichen Defizit um. Wir können gelassen sagen: „Das weiß ich nicht, aber ich werde mich schlau machen." Für einen Überflieger dagegen kommt das einer Bankrotterklärung gleich, und es wird ihm gewiss höchst peinlich sein.

Mit Schmalspurwissen fällt es auch schwer, sich veränderten Bedingungen anzupassen, weil dazu das notwendige Repertoire fehlt. Musiker zum Beispiel, die der Zeitgeschmack hochgejubelt hat, können immer nur das Gleiche reproduzieren und sind irgendwann überholt. Andere dagegen bleiben jahrzehntelang gefragt, weil es ihnen gelingt, ihre Musik weiterzuentwickeln. Das Gleiche gilt für Maler, Schriftsteller oder Filmschauspieler, aber ebenso für die Wissenschaft und das Handwerk. Geht man dagegen Schritt für Schritt, stehen die Kenntnisse nicht auf tönernen Füßen, sondern haben eine solide Basis. Darauf kann man Neues aufbauen.

Eines sollte man allerdings gleichzeitig im Kopf behalten: Die Entwicklung der Persönlichkeit muss mit der erfolgreichen Tätigkeit Schritt halten. Es nutzt wenig, nur fachlich kompetent zu sein, es ist auch nötig, dass man mit seinem Wissen und Können verantwortlich umgeht. Selbstverständlich ist das keineswegs. Ich habe schon einige Menschen kennengelernt, die dank ihrer gründlichen fachlichen Kenntnisse aufgestiegen sind, nur hat ihr Charakter damit nicht Schritt gehalten. Sie traten arrogant und unsensibel auf. Es empfiehlt sich, integer und zuverlässig zu sein und mit anderen wertschätzend umzugehen. Sonst nutzen am Ende auch die richtigen Schritte wenig.

Mit Blick auf den Gipfel keinen Schritt auszulassen bringt einen großen Vorteil: Es gibt Sicherheit.

T wie Tod – Was bleibt

Zum Trauergottesdienst war die Kapelle überfüllt, einige Gäste saßen sogar noch auf Klappstühlen im Vorraum. Das kennt man sonst von bekannten Persönlichkeiten. Aber diesmal wurde keine Prominente posthum geehrt, sondern eine Frau, die „nur" anderen Menschen viel bedeutet hatte, als Freundin, Unterstützerin, Wegweiserin. Wohl jeder Trauergast hatte eine persönliche Verbindung zu ihr. So verdankte ich ihr, dass ich angefangen habe, Bücher zu schreiben. In berührenden Reden ließ man ihr Leben noch einmal Revue passieren. Sie war eine attraktive, lebhafte Frau gewesen, die andere inspirierte, ein Vorbild an Mut, Klarheit und sozialem Engagement. Es war seltsam, dabei zuzusehen, wie nach der Trauerfeier ihre Urne hinausgetragen wurde. Bleibt am Ende wirklich nur ein Häufchen Asche oder ein kalter Körper übrig? Ja – wenn man es aus materieller Sicht betrachtet. Aber hier spürte ich auch ganz deutlich: Es bleibt, was ein Mensch anderen im Leben gegeben hat. Am Beispiel dieser verstorbenen Freundin wurde mir klar, was eigentlich überdauert: Es ist die Wirkung der Persönlichkeit zu Lebzeiten. Wenn wir weise, herzlich, frei, liebevoll zugewandt, empathisch oder unterstützend sind, hinterlässt das eine Spur in unserer Umwelt, die nicht so schnell verschwindet. Sich darauf zu besinnen tut uns gut. Der Gedanke daran, dass wir sterblich sind, hilft uns, uns auf das zu konzentrieren, was wirklich wichtig ist. Da verschieben sich plötzlich die Maßstäbe. Nicht von ungefähr lautet ein Spruch: „Niemand hat etwas davon, der reichste Mensch auf dem Friedhof zu sein." Das darf man gerne ergänzen: Niemand hat etwas davon, immer nur gearbeitet zu haben, egozentrisch um sich selbst gekreist zu sein oder es sich bequem gemacht zu haben. Leider regt uns meist erst eine Trauerfeier oder eine Beerdigung dazu an, unser

Leben einmal vom Ende her zu betrachten: Was hinterlasse ich eigentlich? Dabei wäre es durchaus angebracht, gelegentlich an den Tod zu denken. Vor allem auch deshalb, weil er jederzeit und unerwartet kommen kann. Stattdessen tut man alles, um ihn zu verdrängen. Vor einiger Zeit sollte in einem Hamburger Wohnviertel ein Hospiz eingerichtet werden. Einige Anwohner wehrten sich juristisch dagegen. Sie argumentierten, durch das Hospiz würde in ihrer ruhigen Straße der Verkehr zunehmen. Dabei ging es hier nicht um den Bau einer Ikea-Filiale, sondern um ein Heim für sterbende Menschen, das gewiss kein großes Verkehrsaufkommen verursachen würde. Für mich spiegelt die heftige Abwehr eher die Angst dieser Nachbarn wieder, durch einen Blick auf das Gebäude an den Tod erinnert zu werden.

Verständlich, dass sich keiner gerne damit befasst. Aber auch unklug. Der Tod gibt unserem Leben nämlich erst seine Kostbarkeit. Würden wir ewig leben, käme es doch nicht darauf an, wie wir unser Dasein gestalten. Warum sich entwickeln? Warum sich bemühen? Warum versuchen, gut zu sein? Warum seiner Sehnsucht folgen? Warum seine Träume verwirklichen? Das ließe sich alles bequem auf irgendwann verschieben. Erst mit dem Blick auf unsere Endlichkeit entfalten wir die notwendige Energie, umzusetzen, was uns wichtig ist. Im Journalismus spricht man von der „Deadline", dem allerletzten Termin, zu dem ein Manuskript abgegeben werden muss. Auch wir haben im wahrsten Sinne des Wortes eine „Deadline". Was wir bis dahin nicht geschafft haben, ist für immer verloren. Den Tod zu verdrängen, bedeutet häufig, zu sorglos mit der eigenen Zeit umzugehen. Die amerikanischen Psychotherapeuten Phil Stutz und Barry Michels, die unter anderem auch viele

Stars in Hollywood behandelt haben, setzen deshalb den Gedanken an den Tod bewusst als Instrument ein. Sie wollen damit bei ihren Klienten ein Gefühl der Dringlichkeit wecken, sodass diese eine notwendige Veränderung nicht länger hinausschieben. Der Blick auf den Tod macht uns bewusst, dass jeder Augenblick zählt und wir es uns nicht leisten können, die Gegenwart zu verschwenden. Wohl aus diesem Grund sprechen Menschen, die aufgrund einer gefährlichen Krankheit oder eines Unfalls dem Tod ins Auge geschaut haben, oft davon, dass sie trotz allem Unglück dafür dankbar sind. Denn erst dadurch haben sie den Mut und die Energie gefunden, ihr Leben so zu führen, wie es für sie gut ist. Ihnen wurde bewusst, was wirklich wichtig für sie ist.

Wir müssen weder auf eine Trauerfeier noch auf ein einschneidendes Erlebnis warten, um dieses Bewusstsein zu erreichen. Drücken wir uns einfach nicht länger vor der klaren Erkenntnis, dass wir sterben werden. Keine Sorge, das bedeutet nicht, dass wir uns ständig mit dem Tod vor Augen die Lebensfreude vermiesen. Es heißt auch nicht, dass wir ab jetzt einen Jenseitskult pflegen und uns auf Erden mächtig bemühen, alles richtig zu machen, damit wir von Petrus an der Himmelspforte hereingewinkt werden. Es geht vielmehr darum, zu überprüfen, ob wir bisher etwas versäumt haben. Vielleicht auf diese Weise:

Legen Sie sich auf den Rücken, die Arme locker an der Seite, die Beine ausgestreckt. Schließen Sie die Augen. Stellen Sie sich vor, Ihr letztes Stündlein habe geschlagen und Sie liegen auf Ihrem Totenbett. Schauen Sie nun auf Ihr Leben zurück: Sind Sie damit zufrieden? Gibt es etwas, das Sie schon immer tun wollten, aber nicht getan haben? Waren Sie bisher vor allem mit liebenswerten Menschen zusammen? Wenn ja, haben Sie es denen auch gedankt? Sind Sie zufrieden mit dem, was Sie als Ihr Werk hinterlassen?

Wenn Sie die Augen wieder geöffnet und sich aufgerichtet haben, werden Sie wissen, was zu tun ist. Setzen Sie es so bald wie möglich um. Diese Übung kann dabei helfen, dass man im Ernstfall nichts zu bereuen hat. Und wäre es nicht schön, wenn bei der eigenen Trauerfeier der Raum voller Menschen wäre, die zwar traurig sind, dass man nicht mehr da ist – aber auch froh darüber, dass man dagewesen ist?

U wie Urlaub – Das Gefühl erhalten

Kürzlich hatte ich einen Reiseführer in der Hand, der tausend Ziele auf der Welt vorgibt, die man vor seinem Tode unbedingt aufgesucht haben sollte. Nichts gegen eine Anregung dazu, wo es schön und interessant ist. Aber Urlaub zu machen bedeutet mehr, als sich fortzubewegen und dabei Highlights abzuhaken. Ob er gelingt, hängt vor allem von unseren Gefühlen ab. Davon, wie sehr unsere Seele und unser Herz angesprochen werden, wie neu und überraschend das Erlebnis für uns ist. Der allerschönste Urlaub in meiner Erinnerung ist deshalb auch nicht die wunderbare Reise durch Afrika, bei der ich in einem Einbaumboot durchs Okavangodelta geschippert bin. Und auch nicht die Reise nach Kambodscha, obwohl ich beim Anblick der Tempel von Angkor Wat eine Gänsehaut bekam, weil ich schon als Teenager davon geträumt hatte, sie zu besichtigen. Mein allerschönster Urlaub war eine Reise als Studentin durch das ehemalige Jugoslawien, in einem uralten klapprigen VW Käfer. Mit so wenig Geld, dass die Ernährung hauptsächlich aus Feigen von den Bäumen am Straßenrand bestand und die Unterkunft ein winziges Zelt war, aufgestellt bei einem freundlichen Bauern auf der Wiese. Aber ich war frisch verliebt in den Mann, den ich später geheiratet habe, und es war das erste Mal, dass ich einfach so ins Blaue fuhr.

Gewiss erinnern Sie sich auch an einen Urlaub, der in seiner Einzigartigkeit unübertroffen ist. Das heißt aber nicht, dass danach nicht noch viele unvergessliche Urlaube folgen. Ein Urlaub gelingt immer dann, wenn er mit unseren Vorlieben übereinstimmt. Und wenn er uns gibt, was wir als Ausgleich zu unserem Alltag brauchen, sei es Anregung oder Entspannung, Kontakt oder besinnlicher Rückzug.

Nach einem schönen Urlaub würden wir das leichte, glückliche Gefühl sicher gerne erhalten. Nur, schon einige Tage später hat uns der Alltag wieder, mit Hektik und Stress. Am liebsten würden wir sofort an unseren Sehnsuchtsort zurückkehren. Geht aber leider nicht … Geht doch! Zumindest in der Fantasie. Mit ein paar kleinen Tricks lässt sich das Urlaubsgefühl über unsere Sinne noch eine ganze Weile konservieren:

Sehen

Gewiss haben Sie Fotos geschossen. Drucken Sie Ihr schönstes Urlaubsfoto aus und postieren Sie es auf Ihrem Schreibtisch. Gönnen Sie sich zwischendurch einen Moment, um es in Ruhe zu betrachten. Wenn Sie Videos gedreht haben, machen Sie einen privaten Filmabend und tauchen Sie so erneut in die Ferien ein.

Riechen

Ein Duft katapultiert uns innerhalb von Sekunden in die Vergangenheit und aktiviert Erlebnisse. So lässt etwa Zimt vor dem inneren Auge die Weihnachtszeit entstehen oder der Geruch von Desinfektionsmitteln versetzt auf einen Krankenhausflur. Das Phänomen können wir auch für unser Urlaubsgefühl nutzen. Was war für Ihren Urlaubsort typisch? Vielleicht der Geruch von Piniennadeln? Rosen? Zitronen- und Orangenblüten? Lavendel? Geben Sie ein paar Tropfen des entsprechenden ätherischen Öls in eine Duftlampe.

Schmecken

Wenn Sie gerne kochen, dann bereiten Sie doch mal ein landestypisches Gericht zu. Spanische Tapas oder vietnamesische Nudelsuppe. Schließlich gibt es für fast jede Region der Erde Kochbücher, auch das Internet ist dafür eine Fundgrube. Passende Gewürze sind inzwischen überall zu bekommen. Ob Harissa, Garam Masala oder Ras el Hanout – dank Internet ist das sogar auf dem flachen Land kein Problem. Besorgen Sie sich die Ihrem Urlaubsort entsprechende kulinarische Ausrüstung und laden Sie Freunde zum Ergebnis ein. Sie kochen nicht gerne? Dann ist ein Lokal, das die Küche Ihres Urlaubslandes anbietet, eine gute Alternative.

Hören

Musik weckt unmittelbar Gefühle. Hören Sie die Musik des Landes, das Sie besucht haben. Etwa Seemannslieder aus der Bretagne, Sirtaki von der griechischen Insel, die Folksongs aus Irland. Falls die Folklore nicht Ihren Geschmack trifft, tut es auch eine CD mit dem Sommerhit. In jedem Jahr gibt es einen typischen Ohrwurm, dem man sich nicht entziehen kann, weil er überall gespielt wird. Er bringt Ihnen akustisch die Leichtigkeit des Seins zurück.

Fühlen

Die Wirkung taktiler Reize lässt sich zwar zur Verlängerung des Urlaubsfeelings seltener nutzen als die der übrigen Sinne, aber auch da geht etwas. Die Haut hat nämlich durchaus ein Gedächtnis. Sie erinnert sich zum Beispiel an das angenehme Einreiben mit Sonnenmilch oder Sonnenöl. Brauchen Sie zu Hause im Bad den Rest auf.

Träumen

Unser Unterbewusstsein macht keinen Unterschied zwischen Realität und Vorstellung. Beweis: Wenn Sie sich ausmalen, dass Sie in eine saure Zitrone beißen, vermehrt sich Ihr Speichel. Schließen Sie die Augen und gehen Sie in Ihrer Fantasie zu den schönsten Orten Ihres Urlaubs zurück. Schon zwei Minuten reichen, um sich wieder so glücklich zu fühlen wie dort …

Urlaub zu machen bedeutet mehr, als sich fortzubewegen und dabei Highlights abzuhaken. Ob er gelingt, hängt vor allem von unserem Gefühl ab.

V wie Vergangenheit – Die Früchte ernten

„Was glauben Sie, zu wie viel Prozent bestimmt Ihre Vergangenheit Ihre Gegenwart – zu 25 %, 50 % oder 75 %? Als ich diese Frage während eines Vortrags zum Thema „Wie werde ich glücklich?“ stellte, gingen die Hände bei unterschiedlichen Zahlen hoch. Anschließend waren die Zuhörer gespannt, ob sie richtig geschätzt hatten. Meine Auflösung war allerdings etwas anders als erwartet. Ich verriet keineswegs die „richtige“ Prozentzahl, sondern sagte: „Je stärker Sie an die Macht der Vergangenheit glauben, desto stärker ist Ihre Tendenz, sich als Opfer zu fühlen und passiv zu bleiben.“

Ich bestreite keineswegs, dass die negativen Einflüsse unserer Vergangenheit oft nachhaltig sind. In meiner Praxis habe ich das schließlich immer wieder erfahren. Manchmal schaffen wir es einfach nicht alleine, die Folgen von Kindheit und Jugend aufzuheben. Dann ist eine Psychotherapie unbedingt hilfreich. Kritisch ist es jedoch, wenn wir resigniert die Hände in den Schoß legen und die Vergangenheit als Alibi dafür verwenden, uns nicht zu verändern. Das klingt dann etwas so: „Mein autoritärer Vater ist schuld, dass ich es bis heute nicht schaffe, anderen Grenzen zu setzen.“ „Aus mir konnte ja nichts werden, ich habe keine gute Ausbildung erhalten.“ „Bei uns zu Hause gab es nie Besuch. Ich habe keine Ahnung, wie man Freunde gewinnt.“ „Meine Eltern haben sich scheiden lassen, als ich ein Kind war. Das ist der Grund für meine Bindungsunfähigkeit.“ Entschuldigungen dieser Art hindern uns daran, ein erfülltes Leben zu führen. Dabei sind sogar aus dem Blickwinkel der Sozialpsychologie die Zeiten längst vorbei, in denen man sich darauf berufen konnte: Tut mir leid, aber ich musste mich so verhalten, ich hatte eine schwere Kindheit.

Inzwischen hat man in Langzeitstudien herausgefunden, dass negative Erlebnisse in Kindheit und Jugend keineswegs automatisch Schuld daran haben, wie wir als Erwachsene sind. Es kommt darauf an, was wir daraus machen. Wie in dieser kleinen Geschichte: Zwei Brüder wachsen bei einem gewalttätigen, trunksüchtigen Vater auf. Der erste wird Bankräuber und landet im Knast. Der zweite hilft als Sozialarbeiter benachteiligten Kindern. In einer Talkshow befragt entschuldigt sich der kriminelle Sohn: „Bei dem schlechten Vorbild musste ich ja so werden." Der andere erklärt: „Bei dem schlechten Vorbild habe ich mir vorgenommen: So wirst du nie!"

Was bisher in unserem Leben passiert ist, ist faktisch vorbei. In diesem Sinne ist unsere Vergangenheit für immer in einem großen schwarzen Zeitloch verschwunden. Trotzdem ist sie gleichzeitig noch vorhanden: Sie befindet sich in unserem Kopf. Genau dort müssen wir ansetzen, wenn wir uns von ihren negativen Folgen lösen wollen. Der finnische Psychiater Ben Furman hat sich damit beschäftigt, wie man die Beeinträchtigungen der Vergangenheit aufheben kann. Von ihm habe ich einen Schlüsselsatz, der hervorragend ausdrückt, worum es geht: „Es ist nie zu spät, eine glückliche Kindheit zu haben." Die Behauptung, man könne seine Vergangenheit nachträglich verändern, ist gar nicht so verrückt, wie sie zunächst klingt. Das gelingt, indem wir sie auf andere Weise betrachten als bisher. Es ist möglich, negative Erinnerungen in heilsame Geschichten zu verwandeln. Seit einigen Jahren hat die Psychologie erkannt, dass starker Stress in der Vergangenheit nicht nur belastend ist, sondern auch Gewinn bringen kann. Im Gegensatz zu einer „posttraumatischen Störung" gibt es offenbar auch ein „posttraumatisches Wachstum“. Das kann vor allem dann stattfinden, wenn es uns gelingt, dem ehemaligen Geschehen einen Sinn für die Gegenwart zu verleihen. Ein beeindruckendes Beispiel dafür gibt Gavin de Becker, der bekannteste Personenschützer der USA. Er wuchs in einer Problemfamilie auf. Seine Mutter war psychisch schwer gestört. Der kleine Gavin und seine jüngere Schwester mussten mehrfach mit ansehen, wie sie den Stiefvater wütend mit einer Pistole bedrohte und ihn einmal sogar schwer verletzte. Gavin versuchte, die Ausbrüche der Mutter und den drohenden Streit der Eltern möglichst schon vorauszuahnen, damit er sich und seine Schwester rechtzeitig aus der Gefahrenzone bringen konnte. Was vermuten Sie, was aus jemandem mit so einer Kindheit wird? Vielleicht ein Fall für die Psychiatrie? Oder ein abgebrühter Killer? In jedem Fall aber einer, der als Erwachsener aufgrund seiner Kindheit mächtig Probleme hat? Ganz falsch. Zu seiner beeindruckenden Karriere als Personenschützer sagt de Becker: „Die Gespenster meiner Kindheit waren zu meinen Lehrmeistern geworden.“ Seine Vergangenheit hat ihn früh für Gefahr sensibilisiert und ihm gezeigt, wie wichtig es ist, vorzubeugen.

Wenn Sie auf die negativen Zeiten in Ihrem Leben zurückschauen, dann entdecken Sie darin vielleicht ebenfalls einen Gewinn: Die schlimmen Phasen haben Ihnen den Weg zu Ihrer wahren Bestimmung gewiesen. Ohne sie hätten Sie vielleicht den für Sie geeigneten Beruf gar nicht gefunden. Ihr Verständnis für Menschen, die Ähnliches erlebt haben wie Sie, ist gewachsen. Denen können Sie heute etwas geben und dadurch fühlen Sie sich selbst bereichert. Ohne die Herausforderung hätten Sie nie Ihre Stärke erlebt, nicht gewusst, wie geduldig, tapfer, durchsetzungsstark oder organisatorisch begabt Sie sind.

Sehen Sie die negativen Aspekte Ihrer Vergangenheit einmal als ein intensives Entwicklungsprogramm. Fragen Sie sich: Was habe ich aus dem, was ich erlebt habe, gelernt? Das Training mag anspruchsvoll und manchmal äußerst hart gewesen sein, aber wenn Sie darauf eine Antwort finden, haben Sie es geschafft: Sie vergessen zwar nicht, was geschehen ist, aber Sie haben sich von der lähmenden Wirkung belastender Erinnerungen befreit.

W wie Wert –
Strahlen, nicht betteln

Einer meiner Lieblingssprüche stammt von Eleanor Roosevelt: „Niemand kann Ihnen Ihren Selbstwert nehmen, wenn Sie ihn nicht hergeben.“ Sie hat recht, letztlich haben wir es in der Hand, wie wir auf Entwertungen reagieren. Aber manchmal gibt es Situationen, die uns dazu verführen, uns klein zu machen, uns zu sehr anzupassen und damit unseren Selbstwert herzugeben. Etwa solche: Die Wohnung ist genau das, was Sie schon seit Langem suchen. Nur, es gibt noch weitere Interessenten, aus denen die Maklerin sich die besten Mieter herausfiltern wird. Oder Sie möchten sich mit einer Geschäftsidee selbstständig machen und benötigen dazu einen Startkredit. Dazu müssen Sie den Banker mit Ihrem Konzept beeindrucken, sonst können Sie Ihr Vorhaben vergessen. Sie wollen unbedingt Mitglied in einem Klub werden, aber die nehmen nicht jeden. Sie würden liebend gerne Ihr Kind in der besten Kita des Stadtteils unterbringen, die Leiterin überlegt allerdings noch, ob es auch zu den anderen Kids passt.

Charakteristisch für solche Situationen ist die Kombination von „Ich brauche etwas ganz dringend“ mit „Ich bin auf das Wohlwollen meines Gegenübers angewiesen.“ Für unser Wertgefühl ist diese Verquickung ziemlich kritisch. Wir fühlen uns abhängig, und das bringt uns schnell in einen Zustand, in dem wir unsere Souveränität verlieren. Meist versuchen wir, unseren Gesprächspartner positiv zu beeinflussen, indem wir signalisieren, wie sehr wir das jeweilige Angebot benötigen. Dabei hoffen wir auf Mitgefühl und Verständnis. Natürlich gibt es warmherzige, hilfsbereite Menschen, die sich alle Mühe geben, uns bei unseren Zielen selbstlos zu unterstützen, doch die sind erfahrungsgemäß in der Minderheit. Die meisten begegnen uns eher freundlich-reserviert und verschanzen sich hinter ihrer Funktion, etwa als Makler(in), Personaler(in), Vermieter(in), Schulleiter(in), Erzieher(in), Klubvorstand oder Arbeitgeber(in). Sie hören sich unser Anliegen an und entscheiden dann nach Sachlage – jedenfalls offiziell. Tatsächlich werden Entscheidung pro oder contra selten so neutral gefällt, wie es scheint. Meist gibt es einen Spielraum, der durch subjektive Wahrnehmung beeinflusst werden kann. Dabei geht es nicht allein um Sympathie, sondern vor allem um Gewinn. Bewusst oder unbewusst schickt das Gegenüber unseren Wunsch durch einen Filter: Was habe ich (meine Firma, der Konzern, die Bank, mein Laden, mein Verein, mein Portemonnaie, mein Image) davon? Blitzschnell läuft ein innerer Dialog ab: Kostet es mich Zeit? Geld? Energie? Ist es ein Risiko? Habe ich überhaupt Lust, mich darum zu kümmern? Das mag berechnend klingen, doch mal ehrlich, von so einem heimlichen Kosten-Nutzen-Denken kann sich wohl niemand so ganz freimachen. Lautet die innere Bilanz dann: „Viel Aufwand, ohne dass ich etwas davon habe." Dann folgt meist die offizielle Ablehnung: „Tut mir leid, da kann ich nichts machen" oder „Wir haben uns für jemand anders entschieden".

Sich als bedürftig zu outen, ist deshalb die falsche Strategie – es sei denn, man beantragt gerade beim Sozialamt einen Zuschuss zum Lebensunterhalt. Die Chance liegt vielmehr darin, durch Auftreten und Verhalten den eigenen Wert zu betonen. Wir müssen so viel Souveränität ausstrahlen, dass unser Gegenüber sicher ist, einen Gewinn zu machen, wenn es unser Anliegen bewilligt.

Das hat auch Anja, alleinerziehende Mutter einer kleinen Tochter, gelernt. Ihr war wegen Eigenbedarf gekündigt worden und nun suchte sie händeringend eine neue Bleibe. Von einer Freundin hörte sie, dass in deren Haus eine Wohnung frei geworden war. Anja setzte einen Brief an die Verwaltung auf, in dem sie ihre verzweifelte Notlage schilderte und darum bat, sie doch bitte als Mieterin zu akzeptieren, sie und ihr Kind bräuchten dringend ein Dach über dem Kopf. Zum Glück zeigte sie den Entwurf vorher ihrer Freundin. Die war entsetzt: „Du beschreibst dich als Problemfall. Glaubst du wirklich, dass die dich daraufhin nehmen?" Anja formulierte einen neuen Brief, in dem sie sich als ruhige, zuverlässige Mieterin mit einer artigen kleinen Tochter empfahl. Sie bekam die Wohnung.

Frei nach dem berühmten Spruch von John F. Kennedy: „Frage dich nicht, was dein Land für dich tun kann, frage dich, was du für dein Land tun kannst", sollte man schon vorab überlegen, was man in Bezug auf sein Ziel zu bieten hat. Dabei lohnt es sich auch, vorab Erkundigungen einzuziehen, was besonders gebraucht wird. Vielleicht haben Sie ja genau dazu passend einen Vorschlag. Nehmen Sie sich Zeit und machen Sie schriftlich eine ausführliche Liste. Das dient nicht allein der Vorbereitung auf das anstehende Gespräch, sondern hat auch eine Rückwirkung auf das Selbstwertgefühl. Auf diese Weise macht man sich deutlich bewusst, wie gut man ist, wie fähig, wie kompetent, wie zuverlässig, welche Qualitäten man hat und wie viel man anderen geben kann. Dann sind Sie bestens präpariert und vermitteln Ihrem Gegenüber überzeugend, was Sie einbringen können. Zum Beispiel, dass Sie in der Kita gerne auch mal als Begleitperson an Ausflügen teilnehmen. Dass Sie sich mit der neuen Software der Firma gut auskennen. Dass Sie bereit wären, im Verein die Schriftführung zu übernehmen.

Wenn Sie dann noch Ihren Kopf hoch tragen und freundlich lächeln, vermitteln Sie Ihrem Gesprächspartner durch Ihre Worte und Ihre selbstsichere Körpersprache, wie wertvoll Sie sind und dass er durchaus einen Gewinn davon hat, Sie mit ins Boot zu nehmen.

Wir müssen so viel Souveränität ausstrahlen, dass der andere sicher ist, einen Vorteil daraus zu gewinnen, wenn er zustimmt.

X wie X-Faktor – Gleichung mit einem Unbekannten

Es ist schon eine Weile her, da saßen mein Sohn Felix und ich mit Gänsehaut vor dem Fernseher und sahen die amerikanische Mystery-Serie „X-Faktor – Das Unfassbare". In jeder Folge wurden fünf mysteriöse Geschichten gezeigt, die entweder auf einer wahren Begebenheit beruhten oder frei erfunden waren. Meist handelte es sich dabei um eine wundersame Rettung oder einen unwahrscheinlichen Glücksfall. Anschließend forderte ein Moderator die Fernsehzuschauer auf, zu raten, was davon tatsächlich passiert war und wo es sich um reine Fiktion handelte. Das war gar nicht so einfach und wir lagen mit unseren Vermutungen oft falsch. Schließlich gibt es im Leben manchmal tatsächlich so etwas wie einen X-Faktor. Dinge geschehen, die in einem Film oder Roman ziemlich unglaubwürdig wirken würden. Passiert im fiktionalen Bereich aus heiterem Himmel etwas Unwahrscheinliches, bezeichnet man das auch abwertend als „Deus ex machina" (lat. „Gott aus der Maschine"). In dem Fall hat es der Autor offenbar nicht geschafft, die Story Schritt für Schritt logisch aufzubauen. Stattdessen gibt er der Geschichte einfach eine plötzliche dramatische Wendung. Doch das Leben kümmert sich nicht um Logik. Es setzt den X-Faktor ein.

Unglaubliches ereignete sich vor einiger Zeit in Hamburg: Jens, ein 49-jähriger Obdachloser, hatte in einem Papiercontainer in der Nähe einer Fabrik ein Nachtquartier gefunden. Immerhin war es da warm und trocken. Er hatte eine Menge Alkohol getrunken und wollte seinen Rausch ausschlafen. Dabei hörte er nicht, wie ein Müllwagen auf das Gelände rollte. Er spürte auch nicht, wie die Greifer des Fahrzeugs den Container in die Luft hoben. Zusammen mit dem Altpapier fiel der Mann unbemerkt in das Müllfahrzeug. Als sich der Wagen wieder in Bewegung setzte, begann die Rotationsschraube im Inneren das Papier zusammenzupressen. Jens schrie um Hilfe, doch bei den lauten Motorengeräuschen konnte ihn keiner hören. Kurz bevor das Mahlwerk seine Beine erfasste, hielt der Wagen plötzlich an. Was war geschehen? Der Fahrer hatte den Seitenspiegel eines geparkten Autos gestreift und stieg aus, um den Schaden zu begutachten. Er traute seinen Ohren nicht, als er aus dem Inneren des Wagens Hilferufe hörte. Unverletzt, nur mit einer Risswunde an der Stirn, kletterte Jens heraus.

Es muss sich nicht immer um eine spektakuläre Rettung aus der Not handeln. An Schaltstellen des Lebens oder in Krisen kann uns auch ein unerwartetes positives Ereignis widerfahren. So hat es jedenfalls Susanne erlebt. Sie erzählte ihre wunderbare Geschichte in einer Fernsehsendung, an der ich als Psychologin teilnahm. Zum Beweis brachte sie eine Flasche mit, in der ein Brief steckte. Die hütete sie wie eine Reliquie, und zwar aus gutem Grund: Susanne hatte von Männern die Nase voll. Enttäuschende Erfahrungen mit Online-Partnerschaftsvermittlungen hatten ihr die Hoffnung genommen, einen netten, normalen Mann zu finden. Sie entschied: Schluss mit der frustrierenden Suche, ab jetzt würde sie alleine bleiben. Für ein Wochenende fuhr sie ganz entspannt mit einer Freundin auf eine Nordseeinsel. Am Abend in der Ferienwohnung bei einem Glas Wein meinte die Freundin: „Du bist doch viel zu jung, um für immer Single zu sein.“ „Schön“, konterte Susanne. „Und wo kriege ich den passenden Mann her? Da kann ich ja gleich eine Flaschenpost ins Meer werfen.“ „Genau!“, sagte die Freundin und griff nach der leeren Flasche auf dem

Tisch. „Jetzt schreibst du mal auf, wie du dich selbst einschätzt und wie dein Traummann sein soll.“ Susanne ließ sich überreden. Dann warfen die beiden die Flaschenpost ins Meer. Und hier kam der X-Faktor ins Spiel. Die Flasche wurde ans Festland gespült, wo Norbert gerade mit Freunden Urlaub machte. Er las den Brief und schickte Susanne eine Mail. Nach einigen Telefonaten und Skype-Gesprächen trafen sich die beiden. Es war Liebe auf den ersten Blick. Inzwischen haben sie geheiratet.

Wie kommt es, dass Ereignisse so passgenau aufeinandertreffen? Ein paar Minuten später und Jens wäre schwer verletzt oder sogar tot gewesen. Und was für ein Glück, dass ausgerechnet Norbert die Flaschenpost fand. Schließlich hätte es ebenso die Möglichkeit gegeben, dass sie sang- und klanglos im Meer versinkt, von einem Müllsammler entsorgt wird, einer verheirateten Frau in die Hände fällt oder von jemandem beantwortet wird, der absolut nicht zu Susanne passt. Warum also gerade so? Das wirft die Frage auf, wer oder was denn wohl dahintersteckt. Hat eine höhere Macht die Finger im Spiel? C. G. Jung, der sich als Psychologe intensiv mit dem zeitlichen Zusammentreffen von Ereignissen beschäftigt hat, bezeichnet das geheimnisvolle Geschehen als „Koinzidenz“ (aus dem lateinischen coincidere, zusammenfallen). Der schwedische Autor Jan Cederquist drückt es romantischer aus, er spricht von einer „kosmischen Choreografie“. Eine reizvolle Vorstellung, dass ein himmlischer Ballettmeister die Schritte plant. Doch beweisen lässt es sich nicht. Auch darüber, warum es den einen passiert, während anderen dieses Glück nicht zuteilwird, lässt sich nur spekulieren. Bestimmt liegt es nicht daran, dass sie bessere Menschen sind und es deshalb verdient haben. Manchmal sieht es sogar ziemlich ungerecht aus. Wir wissen nur eines mit Sicherheit: Es gibt den X-Faktor. Und wenn er sich zeigt, berührt uns das tiefer, als es ein bloßer Zufall vermag. Es geht uns unter die Haut, weil wir auf diese Weise mit etwas Kontakt bekommen, das sich unserer Rationalität entzieht. Wie schon William Shakespeare wusste: Es gibt mehr Dinge zwischen Himmel und Erde, als sich unsere Schulweisheit träumen lässt.

Y wie Yin und Yang – Immer wieder geht die Sonne auf

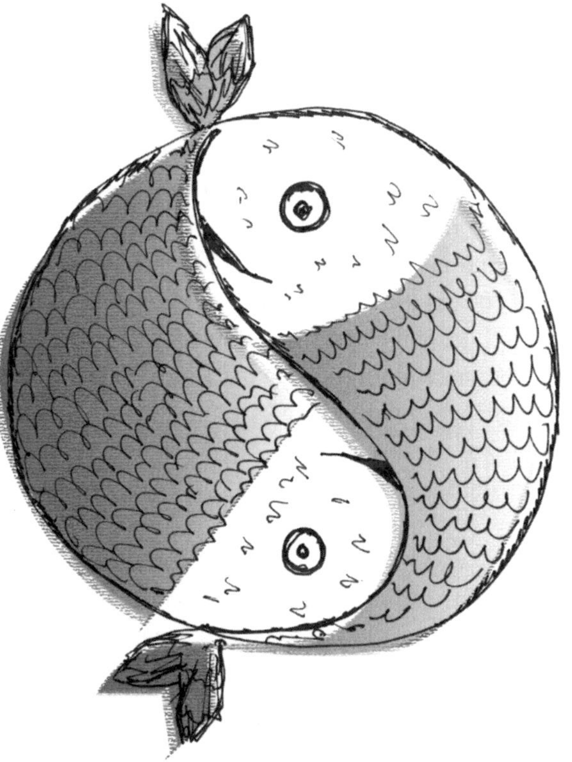

In meinem Bücherregal steht schon seit über dreißig Jahren das chinesische I Ging – Das Buch der Wandlungen, übersetzt und kommentiert von dem Sinologen Richard Wilhelm. Es ist ziemlich zerlesen, einzelne Seiten flattern mir entgegen, als ich es jetzt noch einmal zur Hand nehme. In den 80er-Jahren gehörte es zum guten Ton der Psychotherapeutenszene, sich neben den anerkannten Therapieformen auch mit Esoterik zu befassen. Außer Tarotkarten wurde dabei häufig das I Ging als Orakel befragt. Ich habe noch nicht verlernt, wie das geht: Stilecht müsste man dazu Stengel von Schafgarben benutzen, aber drei kleine Kupfermünzen tun es auch. Man wirft sie sechsmal. Je nach der Kombination von Kopf oder Zahl, die sich dabei ergibt, notiert man einen unterbrochenen „schwachen" (Yin) oder einen durchgehenden „starken" Strich (Yang). Auf diese Weise erhält man ein individuelles Hexagramm. Man vergleicht es mit einer Tabelle von 64 Möglichkeiten und liest dann die entsprechende Auflösung. Die geheimnisvoll nach östlicher Philosophie klingenden Ergebnisse wie „Da Tschu – Des Großen Zähmungskraft" und Hinweise wie „Wer vermag beharrlich zu sein, bleibt ohne Makel" lassen sich meist gut auf die jeweilige Situation anwenden. Irgendwie passt das immer.

Im I Ging werden Yin und Yang mit den Adjektiven „stark" und „schwach" oder auch „männlich" und „weiblich" in Verbindung gebracht. Das führte im Westen zu der Vorstellung, Yin und Yang wären nur die Bezeichnungen für das männliche und weibliche Prinzip. Später nahm man es allgemeiner als Begriff für Gegensätze. Tatsächlich geht die Bedeutung aber noch darüber hinaus. Yin und Yang bilden keinen starren Kontrast wie etwa Gut und Böse oder Hass und Liebe, sondern symbolisieren ein kosmisches Prinzip, einen ewigen Kreislauf. Eins ergibt sich aus dem anderen. Auf den Tag folgt die Nacht, auf den Aufstieg der Abstieg, dem Öffnen das Schließen. Optisch wird das durch das Tai Gi oder Taji (chin. Uranfang) dargestellt, einen Kreis, in dem eine schwarze und eine weiße Fläche ineinander verschlungen sind und jede einen Punkt der anderen Farbe enthält.

Yin und Yang bezeichnen entgegengesetzte Kräfte, die aber untrennbar miteinander verbunden sind und einander fortwährend beeinflussen. Yin ist das kühle, passive, weiche, empfangende Prinzip, Yang das feurige, aktive, feste, gebende. Der ständige Wandel vom einen zum anderen gilt nicht nur für kosmische Zusammenhänge, sondern auch fürs normale Leben. Hier lässt sich das Prinzip sogar ganz konkret anwenden. Indem wir den Zusammenhang der unterschiedlichen Kräfte verstehen, können wir uns auf die Zukunft vorbereiten. Dann wissen wir etwa im Beruf, dass jedem Aufstieg notwendigerweise ein Abstieg folgt. Jetzt haben wir mit dem, was wir tun, Erfolg – demnächst werden wir auch mal scheitern. Heute bekommen wir großes Lob, morgen hagelt es Kritik. Dieses Wechselspiel erleben übrigens viele Prominente mit besonderer Heftigkeit. Wer das Yin-Yang-Prinzip nicht kennt und deshalb nicht mit einem Wandel rechnet, wird davon überrascht und ist von der vermeintlichen Ungerechtigkeit der Welt enttäuscht. Dagegen können diejenigen, denen die Vorstellung von Yin und Yang vertraut ist, geschickter mit einer möglichen Veränderung umgehen. Sie wissen von vornherein, dass nichts so bleibt, wie es ist. Kürzlich las ich genau das in einem Interview mit einer erfolgreichen deutschen Tennisspielerin. Überraschend hatte sie den Grand Slam gewonnen. Von den Reportern befragt, welchen Erfolg sie denn als Nächstes anstrebe, antwortete sie gelassen, früher habe sie nach ihren ersten Siegen geglaubt, das ginge nun immer so weiter, sie sei dann aber eines Besseren belehrt worden. Heute wüsste sie, bei aller Freude über diesen phänomenalen Sieg, dass sie auch wieder scheitern würde.

Das Wissen um das Prinzip von Yin und Yang verhindert, dass wir uns für unverwundbar halten. Befinden wir uns dagegen gerade auf dem absteigenden Ast, kann es uns Hoffnung geben. Als realistische Optimisten dürfen wir daran glauben, dass sich unsere Situation wieder bessern wird, sofern wir unsererseits das Erforderliche dafür tun. Wie es so schön in einem Lied von Udo Jürgens heißt: „Immer wieder geht die Sonne auf, denn Dunkelheit für immer gibt es nicht …"

Wir sollten aber nicht denken, dass dieses Prinzip nur für große Zeiträume gilt, sondern es auch ganz normal in unseren Alltag einbeziehen. Hier sorgen Yin und Yang für Harmonie. Sie zu berücksichtigen ist vor allem für diejenigen hilfreich, die auf bestimmten Gebieten zur Einseitigkeit neigen. Das Prinzip wirkt nämlich immer, ob wir wollen oder nicht. Wer ständig Überstunden macht und anschließend noch Arbeit mit nach Hause nimmt, verursacht zu viel aktives Yang. Auf die Dauer führt das zum Burnout, nichts geht mehr. Jetzt erlebt er zwangsweise entspannendes Yin. Da ist es doch sinnvoller, selbst rechtzeitig einen Ausgleich mit Yin zu schaffen, indem man sich zwischendurch Erholungspausen gönnt und am Wochenende für die Firma unerreichbar ist. Oder: Durch ständiges Sitzen am Schreibtisch und als Couch-Potato vor dem Fernseher hat man zu viel passives Yin angesammelt. Irgendwann tut dann der Rücken so höllisch weh, dass man sich notgedrungen aktives Yang bei regelmäßiger Gymnastik holen muss. Deshalb sollte man lieber in Eigeninitiative mit einem kräftigen Schuss Yang Sport treiben.

Zweifellos waren die alten Chinesen kluge Leute. Sie fassten entgegengesetzt wirkende Kräfte, die sich von jedem aufmerksamen Menschen beobachten lassen, in die griffige Formel von Yin und Yang. Damit geben sie uns ein einfaches Instrument an die Hand, mit dem wir uns das Auf und Ab im Leben erklären und es besser bewältigen können. Das macht uns gelassen und zuversichtlich. Zudem hilft uns das Prinzip, körperlich und seelisch für Ausgleich zu sorgen. Wenn wir Yin und Yang in diesem Sinne bewusst anwenden, brauchen wir kein I Ging, um für unsere Zukunft Harmonie vorauszusagen.

Indem wir den Zusammenhang der unterschiedlichen Kräfte verstehen, können wir uns auf die Zukunft vorbereiten.

Z wie Zeit – Nehmen und nicht stehlen

In Michael Endes Buch „Momo“ kämpft ein kleines Mädchen mutig gegen Zeitdiebe, die „grauen Herren“. Als angebliche Agenten einer Zeitsparkasse haben sie den Bewohnern der Stadt vorgerechnet, wie viel Zeit sie einsparen können, wenn sie scheinbar nutzlose Tätigkeiten aus ihrem Alltag streichen, wie etwa Freunde treffen, anderen zuhören, einem Hobby nachgehen. Die sind darauf hereingefallen, arbeiten schneller und gönnen sich weder Pause noch Vergnügen. Auf diese Weise sparen sie viel Zeit und verdienen mehr Geld, haben aber trotzdem immer weniger davon, weil ihre gewonnene Zeit heimlich von den grauen Herren entwendet wird. Am schlimmsten ist, dass ihr Alltag trostlos geworden ist. Die kleine Momo schafft es, die Zeitdiebe zu besiegen und wieder Freude ins Leben zu bringen.

Es ist schon eine Weile her, da saß ich als einzige Frau tatsächlich zwischen lauter Herren in grauen Anzügen und es ging genau darum, Zeit effektiver zu nutzen. Damals kam gerade der Begriff „Zeitmanagement“ auf und dazu wurde ein Seminar angeboten. Als chronisch zeitknappe Psychotherapeutin versprach ich mir davon wertvolle Impulse. Heraus kam ich mit einem sündteuren in Leder gebundenen Planer, in den ich jede Minute meines Tages mit Ziel und Zweck eintragen sollte. Wochenziele, Tagesziele, Stundenziele, sämtliche Tätigkeiten nach Prioritäten A, B und C geordnet. Überzeugend für den Kopf, aber voll an der Seele vorbei. Irgendwann lag der Planer nur noch dekorativ auf meinem Schreibtisch.

Inzwischen ist man von dieser strikten Art, mit Zeit umzugehen, offiziell abgekommen. Sogar die Väter des Zeitmanagements vermitteln heute Entschleunigung. Kein Wunder, denn mit ihren strengen Regeln von einst würden sie keinen Blumentopf mehr gewinnen. Laut Umfragen ist den meisten arbeitenden Menschen, und besonders den jungen, wichtig, genügend Zeit für die Dinge zu haben, die ihnen Freude machen.

Doch ganz so locker, wie man glauben möchte, ist der Umgang mit der Zeit leider immer noch nicht. Die viel beschworene Work-Life-Balance, bei der sich Arbeit und Freizeit ideal die Waage halten, lässt sich kaum verwirklichen. In der Wirtschaft legt man weiterhin großen Wert auf Zeitersparnis und Zeitgewinn. Zeitverschwendung dagegen muss vermieden werden. Interessant ist übrigens: Wenn man das Wort „Zeit" weglässt, lassen sich alle diese Begriffe auch auf Geld anwenden. Die Formel „Zeit ist Geld" hat also keineswegs ihre Bedeutung verloren. Das zeigt sich außerdem daran, dass wir auch ohne Druck von außen einen großen Teil unserer Zeit dafür einsetzen, Geld für Dinge zu verdienen, die uns nicht unbedingt glücklich machen. Jedenfalls dann nicht, wenn es sich um Ersatzbefriedigungen handelt. Deshalb regt das Internet-Projekt „Zeit statt Zeug" an, Zeit sinnvoller einzusetzen, nämlich für etwas, das wirklich Freude bringt. Dazu gibt es Beispiele wie „Waldluft statt Parfum", also lieber durchs Laub schlendern, als sich einen teuren Duft zu gönnen. Oder „Zoobesuch statt Stofftier". Vielleicht bringt Rehe im Gehege füttern dem Kind mehr Spaß als der fünfte Kuschelbär. Für Hobby-Innenarchitektinnen heißt es „Umdekorieren statt neue Deko kaufen", für Väter und Söhne „Fußballspielen statt Konsole." Eine gute Idee, Zeit in befriedigende Aktivitäten zu investieren (!). Aber dazu muss man sie haben – und da beißt sich die Katze in den Schwanz.

Also, wo kriegen wir mehr Zeit her? Erst einmal, was heißt hier überhaupt „mehr"? Jeder von uns hat 24 Stunden. Und ich behaupte: Damit können wir machen, was wir wollen. Schon klar, wahrscheinlich bekomme ich demnächst Zuschriften von alleinerziehenden berufstätigen Müttern und Konzern-Managern mit einer 80-Stunden-Woche, die mir nachweisen, dass meine Behauptung mit Blick auf ihren Alltag Unsinn ist. Deshalb hier eine Erklärung: Ein Hamster kann nicht wählen, ob man ihn in ein Rad setzt – wir schon. Was wir gegenwärtig als Zwang sehen, haben wir seinerzeit selbst gewählt. Es sind unsere Gedanken und Handlungen, die uns zu dem Punkt gebracht haben, an dem wir jetzt sind. Gehen Sie dazu gerne im Geiste einige Jahre zurück und überlegen Sie, an welchen Schaltstellen Sie sich so entschieden haben, dass Sie in dieser Gegenwart gelandet sind. Und jetzt kommt die gute Nachricht: Wenn Sie mit Ihrer Zeiteinteilung unzufrieden sind, lässt sich das ändern, indem Sie Ihren Gedanken und Taten eine neue Richtung geben, hin zu mehr Entspannung und Lebensfreude. Zugegeben, einfach ist das nicht. Aber es ist möglich. Dafür gibt es Vorbilder. Mütter, die ihren Chef um Heimarbeit gebeten haben, um ihrem Kind mehr Zeit widmen zu können. Manager, die ein Sabbatical genommen haben. Angestellte, die auf eine Halbtagsstelle gegangen sind und dafür bescheidener leben. Mit Kreativität und Konsequenz lässt sich Zeit so umverteilen, dass es glücklich macht.

Wem eine große Veränderung zu aufwendig ist, der kann vielleicht einmal seinen Tag analysieren und auf diese Weise erkennen, wo sich Zeit für angenehme Aktivitäten gewinnen lässt:

- Wo gehe ich zu verschwenderisch mit meiner Zeit um? Zum Beispiel schaut jeder Bundesbürger laut Statistik mindestens zwei Stunden täglich Fernsehen. Kann man da vielleicht etwas kürzen?

- Wo erlaube ich anderen, mir Zeit zu stehlen, etwa indem ich mir von Verwandten oder Freunden ständig Gejammer und Klatsch anhöre?

- Wo glaube ich, ich müsste etwas tun, um beliebt zu sein und Anerkennung zu erhalten? Etwa ein Ehrenamt übernehmen oder Kuchen selbst backen, statt ihn beim Bäcker zu kaufen?

Die grauen Herren sind keineswegs für immer verschwunden. Sie haben nur flexibel unterschiedliche Gestalt angenommen. Einige nennen sich jetzt übrigens „Social media“ und sind mächtiger denn je. Wir sollten uns von der kleinen Momo die Liebe zum Leben und den Mut, gegen Zeitdiebe vorzugehen, abschauen. Damit unsere Zeit wieder uns gehört und ihr Inhalt uns glücklich macht.

Dank

Ich bedanke mich bei meiner Lektorin Linda Diehl und dem Herder-Team.

Als Autorin so wertgeschätzt und fachlich unterstützt zu werden, ist ein besonderes Geschenk.

Literaturliste

Einführung

Förster, Anja / Kreuz, Peter: Alphabet des selbstbestimmten Lebens. Förster & Kreuz, Heidelberg 2015

C wie Charisma

Wlodarek, Eva: Jeder Mensch hat Charisma. Lassen Sie Ihre Persönlichkeit leuchten. Kösel, München 2016

G wie Glückspilz

Wiseman, Richard: So machen Sie Ihr Glück. Wie Sie mit einfachen Strategien zum Glückspilz werden. Goldmann, München 2004

Wlodarek, Eva: Tango Vitale – Tanz mit dem Schicksal. Krisen und Chancen positiv nutzen. Herder, Freiburg im Breisgau 2014

J wie Ja sagen

Quelle: Gesprächssendung „Nachtcafé" im SWR „Einsam oder gemeinsam – wie gelingt das Leben besser?" vom 04.12.2015

Emery, Gary / Campbell, James: Rapid Relief from Emotional Distress. Rawson Associates, New York 1986

M wie Motivation

Zeyringer, Jörg: Wie Geld wirkt. Faszination Geld – wie es uns antreibt und motiviert. BusinessVillage, Göttingen 2014

O wie Optimismus

Seligman, Martin: Der Glücks-Faktor. Warum Optimisten länger leben. Bastei Lübbe, Köln 2005

P wie Preis

Wlodarek, Eva: Spielregeln des Lebens für mehr Glück und Erfolg. S. Fischer, Frankfurt am Main 2002

Q wie Qualität

Roth, Eugen: Ein Mensch. Heitere Verse. Hanser, München 2014

R wie Risiko

Jeffers, Susan: Selbstvertrauen gewinnen. Die Angst vor der Angst verlieren. Kösel, München 2014

T wie Tod

Stutz, Phil / Michaels, Barry: The Tools. Wie Sie wirklich Selbstvertrauen, Lebensfreude, Gelassenheit und innere Stärke gewinnen. Goldmann Arkana, München 2012

V wie Vergangenheit

Furman, Ben: Es ist nie zu spät, eine glückliche Kindheit zu haben, 6. Auflage, borgmann publishing, Dortmund 2008.

W wie Wert

Wlodarek, Eva: Weil du es dir wert bist. Sicherheit und Stärke gewinnen. S. Fischer, Frankfurt am Main 2008

X wie X-Faktor

Hamburger Abendblatt vom 17. November 2010, Hanna Kastendieck: Hier unten. Quelle: Gesprächssendung „Nachtcafé“ im SWR „Einsam oder gemeinsam – wie gelingt das Leben besser?“ vom 04.12.2015

Cederquist, Jan: Die Magie des Zufalls. Wie Synchronizität unser Leben bestimmt. Kailash, München 2010

Y wie Ying und Yang

I Ging. Das Buch der Weisheiten. Text und Materialien. Diederichs, Düsseldorf 1973

Z wie Zeit

Ende, Michael: Momo. Thienemann, Stuttgart 2013